Waltz Along the Vltava

Jolyn 的捷克漫遊日誌

我在**伏爾塔瓦河畔**翩翩起舞

For my beloved parents, Steven and Dellen.
I love you to the furthest planet and back.

旅行即生活—巧翎在波希米亞

　　我看過很多人寫過捷克旅行的書，我覺得巧翎書寫捷克的方式我很贊同，因為我一直認為歷史與生活本來就是一體的，人們就是活在過去、現在與未來交織的脈絡裡。巧翎用了一個暑假的時間，前往布拉格與父母共享天倫，有回家的感覺。清晨起來喝杯咖啡、跟媽媽去越南村市場、想著晚上家裡桌上的菜餚、午後沙發上的米蘭‧昆德拉、半山腰那間漂亮的平價餐廳，給媽媽過生日、爸爸假日開車出遊，品味南波希米亞，這幅畫面就是生活！在每日生活裡（everyday life）選擇時空穿梭，李布謝、查理四世、胡斯、卡夫卡、高堡、卡爾斯坦城堡、伏爾塔瓦河、共產黨博物館等，這些都是捷克歷史元素，閒逛在歷史與生活之間，好不自在啊！

　　巧翎將捷克歷史透過生活的方式自然呈現，把歷史的沈重感化為生活裡的漫不經心，走到哪看到哪，將歷史意識自然沈澱在其心靈裡。隨著每日生活的開展，不僅分享了全家人團聚的喜悅，也期盼著每日的旅行足跡，誰說「歷史」很難背！歷史的生命力在於其中的情感作用，用旅行的方式進入歷史長河，才能體會浪漫情懷。巧翎的波希米亞遊記不是旅遊書、歷史書，也不只是一本日記或散文，而是一段重要的生命記憶，跟家人難得的異國相聚，用平凡的文字體現了最珍貴的家庭價值。其次才是捷克民族精神、波希米亞風情及布拉格傳奇。巧翎的父親楊副參事是我敬拜的外交官，他孜孜不倦於公務中，做事風格扎實穩健，為臺灣外交做了很多實事成效。這本書帶領我回憶很多我與布拉格不同時期的緣份，閱讀這本書很輕鬆，但會對捷克的認識更多點感性！巧翎書寫下的波希米亞果真不俗！

鄭得興

東吳大學社會學系副教授

捷克查理大學社會科學院社會學博士

序言

心中激昂的倒數著；距離上次看到爸媽已經是半年多前的事了。應該是興奮過了頭，感覺今晚臺北好像沒那麼悶熱，我帶著行李準備暫別臺灣。到了桃園機場，哥哥跟嫂嫂亮出一杯珍珠奶茶，八成是看我兩個月在捷克喝不到道地的臺灣味，我在入關前把珍珠奶茶喝得精光，跟哥哥嫂嫂道別後，推著大包小包的行李準備登機。

飛機提早一個小時於四點多抵達杜拜機場，當時正逢伊斯蘭教的禱告時間（或稱「拜功」），機場的廣播系統一致播出阿拉伯文禱詞。一間紀念品商店前擺了一隻幾可亂真的深褐色木製駱駝，坐在那兒彷彿在跟旅人說歡迎。駱駝的

駝峰用一塊中東風味的金色方巾蓋著，上頭及周圍擺置大小不一的水煙和銅壺，用阿拉伯風的紋路點綴。景物伴隨語言，頓然，我意識到自己千真萬確置身在中東！

搭乘阿聯酋航空從桃園飛往布拉格的好處是，這兩段的飛行時間分配的頗平均。記得去年冬天搭乘華航經法蘭克福到布拉格，光是前面那段航程就坐了十幾個小時。從法蘭克福飛到布拉格的小飛機還是一站起來就會碰到頭的那種呢！杜拜到布拉格的飛機是大型的，且阿聯酋經濟艙的位子還比較寬敞，我當時還很雀躍的以為是我變瘦了呢！

INFO

臺灣飛往布拉格熱門航班資訊

1. 阿聯酋航空：桃園→杜拜→布拉格
2. 土耳其航空：桃園→伊斯坦堡→布拉格
3. 長榮航空：桃園→維也納／倫敦／（巴黎、阿姆斯特丹）→布拉格
4. 中華航空：桃園→法蘭克福／維也納／（羅馬、阿姆斯特丹、倫敦）→布拉格

備註：也可搭乘長榮航空或中華航空直達維也納，再轉巴士前往布拉格，是較便宜的方式！或是從維也納租車，自行開往布拉格。租車好處是觀光時間跟景點的安排都較自由，Europcar 是知名又專業的租車公司（europcar.com），除了攜帶國際駕照外，記得一定要帶臺灣的駕照，對方才會交車喔！

上｜杜拜機場免稅店販售琳琅滿目的水煙。
下｜杜拜機場的駱駝雕刻。

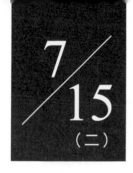

掀開波希米亞的神祕面紗
捷克共和國 Česká Republika

小妮子回家了

飛機又提早一小時左右，在一點前抵達目的地，布拉格這回用豔陽迎接我。待安全帶標誌燈熄了以後，我從容不迫的起身，內心卻澎湃的想快點拿到託運行李，等不及衝出去抱抱我的爹娘。我推著行李車從遠處就看到爸爸和媽媽，他們臉上掛著燦爛的笑容朝我揮手。在人海中發現他們時，我愉悅的跳了一下，向他們奔去。半年不見，時間毫不留情地在他們臉上添了些足跡，白髮也不知多了幾根。感到眼眶一陣炙熱，淚水模糊了視線，五味雜陳的淚水，是感動、是歡喜，又感慨萬分。我緊緊抱住爸媽，親了他們幾下，把行李放上車，準備回家。家裡離機場約 20 分鐘車程，我問他們早上做了些什麼，媽媽說：就跟每天一樣，起床梳洗吃完早餐後，爸爸去上班，

中午休息時間回家吃午飯，小憩一會兒後再回去辦公室，只是今天多了件令人興奮的事，就是小女兒回家啦！依稀記得荳蔻之年，媽媽曾說過一句話，至今仍在腦中響起：結婚前，父母在哪，家就在哪。那時，我的家在南非。這回我再次踏上這個在西元四世紀，被當時凱爾特人取名為「波希米亞」的捷克，有幸能將這美麗的國度暫稱為家。

> **TIPS**
>
> 捷克為內陸國家，被德國、奧地利、斯洛伐克及波蘭四國環繞，有「歐洲的十字路口」之稱。它的面積為 78,866 平方公里，由三大區域組成，分別為波希米亞、摩拉維亞和捷克西里西亞，總人口逾一千萬。布拉格是捷克的首都，也是該國最大的城市，由於先前共產政權統治超過四十年，掏空了人民的宗教信仰，使得現在無宗教信仰的人口占總人口的百分之八十左右。即便如此，捷克境內輝煌的教堂依然迄立不搖。

好久沒回家了，而今天爸媽的午休時間比平常多了件事，就是到機場接我回家。我向他們陳述路途上發生的瑣碎小事，他們一如往常地聽得津津有味。或許他們眼中的我依然停留在二十幾年前，那個在模里西斯（Mauritius）綁兩條辮子，坐在車子後座嘰哩呱啦的小女孩。

INFO

捷克旅遊須知
首都：布拉格
幣值：Kč；捷克克朗兌新臺幣約 1.27-1.5
國碼：+420
時差：慢臺灣時間 6 小時；冬季慢臺灣時間 7 小時
緊急電話：112 歐洲通用（警局、消防局、醫院）、150 消防、155 救護、156 市政警察、158 警察

我國駐捷克代表處
聯絡電話：+420-233-320-606
緊急聯絡電話：+420-603-166-707
地址：Evropska 2590/33C,160 00 Praha 6, Czech Republic

鄰國趴趴走

這趟到捷克的省親之旅，除了到布達佩斯（Budapest）四天三夜行之外，爸媽還安排去德國班堡（Bamberg）及德勒斯登（Dresden）度週末。班堡有「小威尼斯」之稱，尚保留中世紀的古典，為典型的中世紀小鎮，涓涓河水流過五顏六色的小屋，每間店面都像一個聚寶盆，裡頭賣的玩意都讓人眼睛一亮。德勒斯登是東德的大城，曾有「易北河的佛羅倫斯」之稱，於二戰時被英國和美國一夜炸毀，在共產政府和 1989 年後的新政府重建下才恢復以往的輝煌。

INFO

捷克比鄰德國、奧地利、斯洛伐克、波蘭，若要從捷克到鄰國觀光，除了自行開車或搭乘火車外，也可搭乘歐洲境內遊覽車 Eurolines 或 Student Agency，這兩家都是歐陸有名的巴士。

Eurolines
網址：eurolines.com/en

Student Agency
網址：studentagency.eu/en

超市比一比

回到家放好行李，接下來當然就是餵飽我的五臟廟。媽媽的廚藝實在驚人。小時候住在模里西斯，想吃家鄉味只能自己動手做，水餃、包子、饅頭、獅子頭、珍珠丸子等，從和麵、調餡到蒸煮都得一手包辦。捷克買葉菜較不便，爸媽週末總得開車到越南市場買些華人習慣吃的時蔬，像是空心菜、油菜、韭菜，還有最常見的青江菜和芥菜等。至於其他歐洲人的食材，家裡附近的 Billa 超市就可購買，若要稍微補貨就會開車到 Kaufland 量販店採購（捷克的 Billa 就像我們的全聯或頂好超市，而 Kaufland 就像臺灣的大潤發或愛買）。

一票玩到市中心

吃完中飯，爸爸出門上班，媽媽拿了一疊預購好的 24 克朗車票給我，我們就歡欣鼓舞的去城裡逛街。布拉格的交通費非常便宜，24 克朗車票的搭乘期限為半小時，上車打卡後的 30 分鐘內可以隨興搭乘地鐵、電車和公車。

良心的斗篷

從 Můstek 下車後，我們隨意蹓躂，經過了一座青銅質的雕像，引起了我的注意。

這雕像是安娜‧克勞米（Anna Chromý）著名的作品之一《良心的斗篷》。它靜坐在布拉格城邦劇院（Stavovské divadlo）的側門旁。這座青銅雕像是紀念莫札特的《唐‧喬凡尼》（Don Giovanni）於 1787 年 10 月 29 日在布拉格城邦劇院的首映而創。

來捷克找戲看

　　我從雕像旁的拱門穿到劇院正門。對劇場充滿熱情的我原本想看看最近有什麼節目，可惜暑期的城邦劇院放假，我只好晃去別間劇院，期盼在捷克的這段時間能欣賞幾齣好戲。

INFO

城邦劇院（Stavovské divadlo ╱ Estates Theatre）
● 搭乘地鐵 A 線或 B 線至 Můstek 站，步行約 5 分鐘
● 搭乘電車 3、5、6、9、14、24、51、52、54、55、56、58、91 號至 Jindřišská 站或 Václavské Náměstí 站，步行約 7 至 10 分鐘

左｜安娜‧克勞米的「良心的斗篷」雕像。
右｜布拉格 24 克朗車票。

街頭解解饞

布拉格的每個角落似乎都蘊藏一段扣人心弦的故事，如含苞待放的花朵，用手指輕輕一點，立即綻放。我和媽媽穿梭在這城市的大街小巷，聽她訴說關於布拉格的一點一滴，我期許一定要在這兩個多月盡我所能了解這顆歐洲之珠。我隨手買了冰淇淋和馬卡龍解解饞，這兒的馬卡龍實在非常便宜，一小顆的馬卡龍不到臺幣 30 塊呢！

戰爭與和平

我們抱著有什麼就看什麼的心情，走到了一個免費的小型展覽館。這展間在地下室，燈光微亮，只見鹵素燈打在牆壁上那一張又一張的黑白照片，這些相片捕捉了二戰時期，中東歐戰亂期間，人們生活的點點滴滴，看了實在令人沈悶。嗜權者為了不同主義而戰、犧牲了無數生命，苦的終究還是人民。我想起上帝最簡單的誡命就是愛，而基督更是活給眾人看。人哪！究竟是在鬥什麼呢？但矛盾的是，我又特別喜歡戰爭文學，在咀嚼悲壯的文字中感受那股辛酸與無奈。

書蟲的殿堂

我們不知不覺晃到了瓦茨拉夫廣場（Václavské náměstí）。這兒是布拉格熱門的觀光景點之一，引起我注意的是琳琅滿目的店家，除了標示大大的 SLEVY（特價）外，廣場側邊一間書店的外觀也讓我眼睛為之一亮。

Academia 書店的櫥窗擺設各式各樣的書籍，有英文也有捷文。書店的角落放了一書櫃的英文書，其中有一大半的作家是捷克文人的書翻譯成英文。我拿了好幾本到服務臺結帳，店員小心翼翼的用 Academia 的包裝紙把書包起來，

遞到我手中。這樣的包裝看上去十分有質感，還散發出濃濃的書香味。這趟波希米亞旅程的前奏，由米蘭·昆德拉、赫拉巴爾和哈維爾共譜。

INFO

Academia 書店（Knihkupectví Academia ／ Academia Bookstore）

● 搭乘地鐵 A 線或 B 線至 Můstek 站，從 A 線出口出站，步行約 3 至 5 分鐘
● 搭乘電車 3、5、6、9、14、24、51、52、54、55、56、58、91 號至 Václavské náměstí 站即可看見書局

上左｜Academia 書店櫥窗一隅。
上右｜Academia 是捷克境內的連鎖書店，包裝紙上印有其他城市的分店資訊。
下｜從 Academia 書店外望向瓦茨拉夫廣場。

歐洲之珠—布拉格 Praha

睡前，我聞到自己頭髮散發出 Manufaktura 啤酒洗髮精的香味，或許是時差還沒調過來，但我覺得是興奮的睡不著覺。我開始想像城市中，某個角落的一間小酒館裡，人們陶醉在爵士的波浪中。翻來覆去，思緒飄呀飄的，不知不覺，突然想起了一段關於布拉格的傳說……

這一個令人沈醉的城市，它的命運早已被預知，被一位美若天仙的公主預言，她，是李布謝。

布拉格的傳說

很久很久以前，今日所見的布拉格還是一片荒蕪，只見潺潺的伏爾塔瓦河從峭岩間流過。某一天，遠道而來的克勞克公爵來到這片土地，在一處岩石高地邊停了下來。他心想，高處必定能看見美麗的風景，因此克勞克公爵與他的隨從爬到了高處，那景色立刻抓住了公爵的心。因此，公爵與他的隨從一同將最高處的樹林清除，在那兒建了一座城堡，也就是高堡區（Vyšehrad）的由來。

年復一年，公爵生了三個女兒，分別為凱姬、帖塔及李布謝。公爵給每個女兒一座城堡，其中維謝赫拉德城堡（Vyšehrad）給了李布謝。國色天香的李布謝是個非常有智慧的女人，且擁有預知未來的能力。由於國家無法讓女人掌權，有天李布謝就站在城堡那兒指向遠方，說：「你們到那兒找一名農人，他會是我的丈夫，將成為你們的國王。」果真，李布謝的隨從跟著她指的方向到農莊找到了她口中的農夫，名叫普謝米斯利德，且正如公主預言，普謝米斯利德成了

國王，也因為她的預言成讖，眾人更服膺李布謝。

有一天，李布謝站在城堡裡俯瞰伏爾塔瓦河流涓涓流過，她雪亮的雙眼向遠處望去，瞭向今日的小城區和城堡區。她說：「瞧！我看見一座偉大的城市，它的榮耀將燦若繁星！」不久後，李布謝的隨從紛紛趕到她所指的地方開始建蓋房舍，隨從也根據李布謝稍早的預言，遇見一位勤勉的男子正在蓋自家門檻，人們就在原地建起城堡，周遭環繞著高牆及護城河，將這兒取名「布拉格」（Praha），原意為「門檻」。

人們進到房子裡，經過門檻時，姿勢總會像鞠躬一般稍向前傾。同樣的，他們踏入這絕美之城就像經過門檻一樣，在它動人的面容前鞠躬以示敬畏。

The End ~

從高堡區望向布拉格城堡區一景，見證李布謝的預言。

溝通這門藝術

　　爸爸今天下午請了幾小時的假。之前就和車廠約好，要把車開去保養。中午在家吃完飯後，爸媽總要喝杯咖啡，才算完整的一餐。休息一會兒後，我們開車到車廠，裡面充斥咖啡香。在等待車子檢驗、保養的這段期間，我和爸媽到離車廠最近的購物中心 Nový Smíchov 逛逛。這間購物中心在地鐵 Anděl 站下車，我們都直接稱它為 Anděl。

來捷克繞口令

　　其實當地很多站名、餐廳或購物中心，我們有自己的稱呼方式，不是取個綽號就是用最簡化的方式叫它們，因為捷克文實在太難發音了。捷克文和斯洛伐克文同屬斯拉夫語系，雖然兩國語言可相互溝通，毫無障礙，但在拼音及些許用法上會有一些差異。據當地人說，捷克文之所以難學是因為它是一個古老的、未演化的語言。簡言之，拉丁文為中古世紀的語言，如今已演化成義大利文、西班牙文、葡萄牙文和法文等，但捷克文依然

> **TIPS**
>
> 許多人誤以為俄文與捷文互通，其實沒有啦！捷克在共產時期為俄國衛星國之一，當時俄文為必學的語言，因此在 1970 年代前出生的人基本上都通曉俄文。其實早在大摩拉維亞公國時，捷克就有受過俄文的洗禮。當時公爵深怕人民受日耳曼民族影響，向拜占庭帝國邀請兩位傳教士來傳布東正教。他們創造「**西里爾字母**」，即現今所見的俄國文字，後來大摩拉維亞公國接受天主教傳統，西里爾字母被「**拉丁字母**」取代。輾轉至今，俄文在捷克人眼中帶有些許負面意涵，因它代表共產時期蘇維埃的高壓統治及布拉格之春後的武力入侵。

停留在未演化的斯拉夫語，或是說，它就是斯拉夫語，等級跟拉丁文一樣。熟悉日耳曼語系和拉丁語系的我們，來到這兒會發現捷克文可以把一堆子音拼在一起，發音還發的很理所當然呢！

今天不看古建築

Nový Smíchov 於 2001 年由法商建造。在建造初期，Smíchov 這個地方還是一片荒蕪，而 nový 是捷克文「新」的意思。可想而知，這座商場的建造是希望能夠為 Smíchov 帶來點新氣象。Nový Smíchov 裡有一間非常大的 Tesco，若沒買很多東西的話，可以到自動結帳機，自己刷條碼，並依照螢幕指示點選、付費，是個節省人力的方式。

INFO

Nový Smíchov
- 搭乘地鐵到 B 線 Anděl 站，步行約 3 分鐘
- 搭乘電車 4、5、7、9、10、12、15、16、20、21、54、58、59 號至 Anděl 站，步行約 3 分鐘

APP 看圖說故事

我們在購物中心裡逛了一會兒，看時間差不多，可以回車廠拿車了。萬萬沒料到的是，我們回車廠的路上竟然迷路了！捷克會講英文的中年人不多，而我們走丟的這區，出沒的偏偏幾乎都是中年人。幸好我的 iPhone 救了我們，我用先前下載的捷英文翻譯 APP 尋求協助，手機成了翻譯的媒介。我頓時覺得現代人的溝通真方便，至少不需要比手畫腳，支支吾吾個老半天還沒理出個頭緒。記得去年冬天來捷克時，用的手機還沒那麼方便。那年我和哥哥還有他朋友一起到捷克陪爸媽過年，從 Špindlerův Mlýn 滑雪回布拉格的路上，經過人骨教堂，還有以世界文化遺產出名的聖芭芭拉教堂。參觀完這兩個景點後，我們一行人到附近一間大賣場的美食街解解饞。在那兒服務的幾乎是中年人，我為了要點一份雞肉餐，發現英文行不通，只好掏出手機，在便條紙捷徑上畫一隻雞，點餐的阿姨才立刻了解。

INFO

Clarion Hotel Špindlerův Mlýn 到 Špindlerův Mlýn

- 搭乘巴士可至捷克巴士網站 www.idos.cz 查詢；從地鐵 B 線 Černý Most 站轉乘巴士；固定車次為 169 號及 690 號
- 搭乘火車至 Vrchlabí 站轉乘公車至 Špindlerův Mlýn 站；固定車次為 690 號

聖芭芭拉教堂（Chrám sv. Barbory ／ Cathedral of St. Barbara）

- 搭乘地鐵 C 線 Háje 站，轉 381 號公車到 Kutná Hora, knem. 站，步行約 10 分鐘
- 搭乘地鐵 B 線 Černý Most 站，再搭
  1) 224 號公車至 Sídliště Petrovice 站，轉 381 號公車到 Kutná Hora, poliklinika 站，步行約 15 分鐘
  2) 240 號公車至 Horčičkova 站，轉 381 號公車到 Kutná Hora, k nem. 站，步行約 10 分鐘

人骨教堂（Kostnice v Sedlci ／ Sedlec Ossuary (The Church of Bones)）

- 搭乘地鐵到 C 線底站 Háje 轉 381 號公車到 Kutná Hora, aut. St. 下車，步行約 25 分鐘
- 搭乘地鐵到 B 線底站 Černý Most 轉 224 號公車至 Sídliště Petrovice，再轉 381 號公車到 Kutná Hora, aut. St. 下車，步行約 15 分鐘

上｜聖芭芭拉教堂正面。此圖為夏天拍攝的。
中｜聖芭芭拉教堂側面，可清楚看見典型的哥德式建築特色。
下｜布拉格 IKEA 的餐點。

IKEA 的下午茶

　　回到車廠，把車取回後，我們開車到離 AVION 購物城較近的 IKEA 喝下午茶（布拉格還有另一間 IKEA 在地鐵 B 線 Černý most 附近）。捷克的 IKEA 有許多臺灣 IKEA 沒有的甜點，像是馬卡龍，還有開心果小糕點等，滿足了我的味蕾。

INFO

IKEA

搭乘地鐵到 B 線底站 Zličín 後

- 步行約 10 分鐘
- 轉 180 號公車至 Obchodní centrum Zličín 站，步行約 3 分鐘

7/18（五） 溫泉小鎮與工業城

　　早上打掃完家裡，媽媽煮了杯咖啡，我泡了杯果茶，兩人各自找到家裡舒適的角落，坐在那兒看書。她坐在客廳的沙發上，我坐在房間的窗前細細品嘗米蘭‧昆德拉的《賦別曲》，客廳傳來優美的古典樂；媽媽最近在看《伊斯坦堡：一座城市的記憶》，時不時和我分享那神祕城市的記憶。

　　《賦別曲》書中的八個人物，其命運層層交疊，相互牽連。有些人認為這本書是含有黑暗訊息的喜劇，但每一個字、每一句話對我而言卻是沈重的一擊。昆德拉用的字句將生命的每個細節放到最大，不但充滿美感，且還能催化讀者的情緒。

　　米蘭‧昆德拉將生命的諷刺在故事人物的互動中詮釋的淋漓盡致。他們被困在共產主義搭的鐵網中，被囚禁在專制政府築的鐵籠裡。在這樣的環境裡，人們繼續他們的生活，重複過著相同步調的日子，然而，也有一些人跳了一支告別圓舞曲，而這支舞卻是優美的讓人致命。

Czech Hall Of Fame

流亡作家—米蘭‧昆德拉

　　於 1929 年在捷克東南邊的布爾諾出生的昆德拉，歷經了第二次世界大戰、布拉格之春、共產壓榨及東方集團的瓦解。

　　1968 年，亞歷山大‧杜布切克試圖打造人道社會主義，而昆德拉非常積極的參與此運動，就是耳熟能詳的「布拉格之春」。他的書自 1970 年起，被列為禁書。一開始，他對於自己的改革還抱有極大的熱情，但昆德拉最後放棄了改革夢想，於 1975 年時移居到法國，1979 年被開除祖國國籍，直到 1981 年才取得法國國籍。他的暢銷書除了《生命中不能承受之輕》外，《賦別曲》也深受好評。

溫泉小鎮—卡洛維瓦利 Karlovy Vary

昆德拉的《賦別曲》和《生命中不能承受之輕》的故事場景都設在捷克特色之一的溫泉小鎮，而說到捷克的溫泉小鎮，你不可不知卡洛維瓦利。

上｜卡洛維瓦利的特普拉河畔一景。
下｜卡洛維瓦利的名產除了溫泉餅（很像放大很多倍的超大法蘭酥）外，另外出名的就是「溫泉杯」。溫泉杯看上去好似茶壺，而它的特色在於它的把手是中空的，上頭有一個類似壺嘴的設計。杯子接了溫泉水後，可直接從壺嘴處飲用。

卡洛維瓦利的傳說

據傳說，在查理四世執政期間，有天和隨從來到這兒獵鹿。當時一隻被射傷的鹿逃到森林裡，過些時候，國王和隨從看見那隻受傷的鹿從森林的泉水中躍出，牠的傷口居然痊癒了！他們才得知源源不絕的泉水竟有治療效果，於是國王將這兒開發成溫泉小鎮。自十四世紀起，人們就開始用卡洛維瓦利的溫泉水治療疾病。

The End~

上｜花園溫泉迴廊入口的涼亭。
下｜以石材建造的建築為「米勒迴廊」，又稱「磨坊溫泉迴廊」是卡洛維瓦利最大的溫泉迴廊。

21

有效「水療」

　　捷克西部的卡洛維瓦利，是一個著名的溫泉小鎮。

　　這裡的泉水是礦泉水，沒有硫磺，好幾世紀以來，數不清的人除了在這小巧可愛的小鎮泡溫泉外，還飲用了這兒的溫泉水來治療身體的不適。

　　近年來，實驗也證實喝卡洛維瓦利的溫泉水的確有治療功效。更特別的是，這個小鎮的溫泉水在每個「駐點處」或「泉眼」都標有不一樣的溫度，其中二氧化碳含量也因泉水溫度而異，能為身體帶來許多不同的益處。小鎮的溫泉水能夠排毒、清腸、淨胃、促進新陳代謝、改善肌肉、骨骼以及牙周病等問題。不僅如此，泉水是免費供應給大眾飲用，人們可以自備水瓶或在當地購買溫泉杯品嘗溫泉水獨特的味道，但若要長期飲用來治療，還是得經過醫生開處方的喲！

　　晚上，站在流理臺邊，一邊洗菜、切菜，一邊和媽媽聊天，這是個難得可貴的時刻。我們家的孩子十八歲後都跟爸媽分隔至少六小時時差的距離，能回家好好住上一段時間，短則兩個禮拜，長則兩三個月，因此顯得格外珍貴。沒和爸媽住的時候，最懷念的是跟媽媽一同上菜市場，回家料理時的談天時光，以及晚餐時，一邊享受媽媽的菜香，一邊跟爸媽有說有笑的日子。今天晚上能夠享受我所懷念的以往，真是格外幸福。準備晚餐的同時，爸爸打開電視的音樂頻道，不知為何，這旋律讓我想到冬天造訪布爾諾的時光。

左｜右方的現代建築物卡洛維瓦利最現代的溫泉迴廊，「瓦傑狄洛溫泉迴廊」，而後方的巴洛克式建築為「聖瑪利德蓮教堂」。
右｜花園溫泉迴廊中的六十度「自由泉」。

布爾諾城市美景。

摩拉維亞的曼徹斯特—布爾諾 Brno

與昆德拉有關連的城鎮，除了在書中出現的溫泉小鎮外，還有他出生的城市「布爾諾」。

布爾諾為捷克的第二大城市，是摩拉維亞的中心，靠近維也納和斯洛伐克。這座城市的歷史悠久，是捷克境內繼布拉格之後著名的文化及經濟之都，也因它早在十八世紀就開始工業化，因此擁有「摩拉維亞的曼徹斯特」之稱，並在第一共和時期（一戰到二戰之間）躍升為捷克排名第二的大城，聞名的馬薩里克大學也是在這段期間成立的。捷克有許多文人、音樂家、畫家和科學家都來自布爾諾，出名的文人除米蘭‧昆德拉外，還有著有《過於喧囂的孤獨》、《我曾侍候過英國國王》的博胡米爾‧赫拉巴爾。

漫步布爾諾

布爾諾的生活步調緩慢，物價也比布拉格便宜，光是電車票價就比布拉格便宜幾克朗！在布爾諾的城區和街道漫步，感覺十分悠哉、自在。那年冬天造訪布爾諾時，雪下的不多，我們穿越公園，沿著有些蜿蜒的步道登上斯皮爾博城堡。冬陽灑落在步道旁厚厚的落葉上，使落葉看上去像是一片片金箔隨風起舞。斯皮爾博城堡格局方正，紅瓦屋頂配上乳白色牆面好像甜而不膩的楓糖造型蛋糕！

斯皮爾博城堡巡禮

這座坐落於山頂上的城堡建於十三世紀。在十七、十八世紀之前，摩拉維亞的侯爵有時會到斯皮爾博城堡居住，到了十七、十八世紀，城堡成為大規模的軍事堡壘。奧匈帝國時期，它成了監禁重大罪犯的監獄，是當時全歐洲最嚴酷的監牢。1855 年之後，城堡短暫為軍營，卻在一、二戰時又恢復監獄的身分。見證過摩拉維亞風風雨雨的斯皮爾博城堡如今成為布爾諾的象徵，歷經軍事堡壘、監獄和軍營之後，它現在的身分是布爾諾城市博物館。

上｜斯皮爾博城堡外觀。
下左｜斯皮爾博城堡後方，薄薄一層白雪灑落在紅瓦屋頂上好似糖霜。
下右｜從城堡拱廊望向中庭，新年剛過不久還看得到聖誕裝飾呢！

佩特羅夫的傳說

從城堡向遠處觀望可清楚看見雄偉的聖伯鐸聖保祿主教教堂，又稱「佩特羅夫」（Petrov），因它位於佩特羅夫路上。這座教堂的建設最早始於十一、十二世紀之際。如聖維特大教堂和歐洲許多大教堂一樣，它一開始的樣貌僅是簡單的羅馬式建築，在歐洲不同時期建築風格的改變之下，佩特羅夫不斷擴建，先是披上早期的哥德式衣裳，後來內部也畫上巴洛克式的妝容。

佩特羅夫和其他教堂不一樣的是，它的鐘聲都是上午 11 點響起，並非中午整點，這鐘聲的背後有一段有趣的小故事。三十年戰爭的法籍軍事指揮官 Jean-Louis Raduit de Souches（簡稱 JL），一開始為瑞典軍隊攻打神聖羅馬帝國軍，但卻與同軍隊的將軍 Torsten（簡稱 T）結仇。由於軍隊中規定士兵不能向高層挑戰，因此 JL 加入了帝國軍繼續挑戰 T，並在 1645 年偽裝成布爾諾的軍事指揮官以對抗軍力優勢的瑞典軍隊。當時 T 聲稱若在中午教堂鐘聲響以前未能將布爾諾攻陷下來就撤兵，一聽 T 撂下此話，JL 靈機一動，在瑞典軍隊金戈鐵馬攻城之際，下令提早一小時敲鐘，T 在毫無察覺的情況下信守他的承諾，立即撤軍。為紀念此事，每逢上午 11 點便能聽見佩特羅夫的鐘聲噹噹作響。

The End ~

彩霞下的歡笑聲

飽餐一頓後，我們三人到社區附近散步。晚霞時分，層層的紫色和粉紅色渲染天空。我們繞到家裡後面的步道，再從另一棟公寓的後頭穿出來，那兒有一塊用矮木板圍起來的兒童遊樂區，捷克的社區裡幾乎都有這樣的親子遊樂區，有溜滑梯、蹺蹺板、盪鞦韆等，還有一對母子在那兒玩得笑顏逐開。

1968 年 布拉格之春

1960 年代，捷克共產黨內部針對政治及文化層面做了大調整：共產黨第一書記亞歷山大‧杜布切克主張「人道社會主義」，也就是讓社會主義有人性或是人情味。他賦予捷克斯洛伐克人民言論自由，得以發表對政府的負面言論。這樣的自由在 1968 年達到高峰，這短暫「人性化」的日子就是著名的「布拉格之春」。然而，蘇聯視捷克斯洛伐克在政治上的開放及自由為強大的威脅，因此駐入坦克車及軍隊占領了整個捷克斯洛伐克，蘇聯軍隊一直到 1989 年為止都嚴守著這塊土地，從未撤離過。

從斯皮爾博城堡望去，可見遠處的哥德式教堂佩特羅夫。

離開城堡往城裡的步道一景。

固若金湯

卡爾斯坦城堡 Hrad Karlštejn

　　太陽又透過百葉窗灑進房間，溫柔的把我叫醒。睜眼一看，十點多了，聽見客廳傳來爸媽的交談聲。縱使房門闔了三分之二，仍依稀聞得到咖啡香。我為了爸爸今天不用上班，可以跟我們用觀光客的身分遊捷克的某個藏寶處而興奮不已。我到浴室梳洗時，聽見爸爸媽媽在客廳討論今天要帶我去哪個我還沒去過的地方走走。吃完早餐，我們一邊聽歐洲音樂臺的柔美音樂，一邊找到各自舒適的角落 — 爸爸在他房間的書桌前，用電腦看臺灣的新聞、媽媽坐在客廳的沙發上，繼續她的《伊斯坦堡：一座城市的記憶》，而我又回到我的房間，坐在床上，靠著牆，沈迷在米蘭·昆德拉的故事中。

豐盛的簡餐

　　我最愛吃的媽媽味之一就是「英式馬芬三明治」。熱騰騰的英式馬芬，外層用手指輕彈能聽見微微的酥脆聲，裡頭則很鬆軟。馬芬對切後，媽媽總會在雙面都抹上薄薄的一層奶油，再夾上切片的義大利白乾酪、番茄、芝麻葉、奶油果和煙薰火雞肉片，這些平價的食材都是我們走到家裡對面的連鎖超市Billa 採買的，且時常有折扣商品呢。中午吃媽媽特製的英式馬芬三明治，配上一杯捷克花果茶，實在滿足。

起步，走！

午餐過後休息了一會兒，我們
準備上路，三人開車前往卡爾斯坦
城堡（Hrad Karlštejn），即將揭開
波希米亞境內的另一幕面紗。路途
上的農村風景令人心靜平和，卻也
五味雜陳。確實，在過去的幾十年
中，鄉間一向是較平靜的。這讓我
想起了米蘭‧昆德拉的《生命中不
能承受之輕》裡的鄉間生活。

從布拉格開往卡爾斯坦的道路景致。

我家門前有小河，後面有山坡

布拉格市區開到卡爾斯坦城堡的車程不到一小時，對住在市區的人而言，卡爾斯坦城堡是個週末踏青的好去處。眼前的景色，勾起兒時琅琅上口的童謠：「我家門前有小河，後面有山坡。」這歌詞將卡爾斯坦城堡這兒的街景形容的真是貼切。街道的兩側都是獨棟式的紅瓦房屋，後方都是山丘，小溪則流過其中一側屋前，因此，那一側的住戶門前有一座短小的木橋，連接大門和道路。當地的居民幾乎都將橋欄用鮮花點綴的十分綺麗，彷彿置身世外桃源。放眼望去，道路蜿蜒而上，在轉角處消失，稍微抬頭一看，即可看見卡爾斯坦城堡矗立在高處。一座城堡，一座村落，伴隨小河潺潺流水聲，彷彿回到了中世紀。

INFO

卡爾斯坦城堡 / Hrad Karlštejn / Karlstejn Castle

- 搭乘地鐵 C 線至 Hlavní nádraží 站，轉乘火車至 Karlštejn 站
- 參觀時間因季而異，可至網頁查詢：hradkarlstejn.cz/en/plan-your-visit/opening-hours

筆筒好好吃

轉角飄來一陣甜滋滋的香味，聞起來非常的熟悉。謎底揭曉，是捷克大街小巷都可見的 trdelník，一種筆筒狀的甜點。雖然 trdelník 隨處可見，可說是捷克的名產之一，但它其實不是捷克的傳統甜點。Trdelník 在中歐國家都能見到，且在不同的國家也有不同的名字，不過它已成為到訪捷克的觀光客必吃的美食之一了。這筆筒狀的甜點是將麵團一圈又一圈的纏繞在鐵棍子上，架在木炭上一邊滾，一邊烤，將外皮烤成酥脆的金黃色之後，再裹上一層砂糖，也可依照個人喜好撒上一層肉桂粉。山腳下的這家還在內圈塗上一層 Nutella 巧克力醬，真是好吃極了！我們邊走邊吃著走向城堡，一邊欣賞美景，真是太享受了。不知不覺，城堡的高牆在我們前方擲下陰影，我把頭抬的高高的，都還看不到城堡的屋頂呢！

上｜我手拿在捷克到處可見
的 TRDELNÍK，背景為販賣
「筆筒烤餅」的攤販。
下｜中空的 TRDELNÍK。

黃金時期的象徵

固若金湯的卡爾斯坦城堡是查理士四世在 1300 年代初期所建。查理士四世為波希米亞的第一個國王，也是神聖羅馬帝國的皇帝，他執政時是波希米亞的全盛時期，因此這座城堡也是黃金時代的象徵。卡爾斯坦城堡當時做為收藏皇家寶藏的堡壘，尤其是查理士四世的聖物，連神聖羅馬帝國的加冕珠寶也收藏於此。1400 年代初期，在胡斯戰爭爆發後，這座城堡也成為收藏捷克加冕珠寶的堡壘了。縱然歷經戰火蹂躪及時光洗禮使城堡的光輝不再，但在不斷重整下，它的壯麗雄偉從不曾褪去。

神遊中世紀

一階又一階，我們爬上城堡的瞭望臺。俯瞰遠處，層層交錯的山嶺，由多重的綠堆疊成一幅愜意的山水畫。鳥瞰才經過的村莊，紅瓦屋頂點綴綠意盎然的大地，如鮮紅的花朵在青草中脫穎而出，而剛剛才留下足跡的蜿蜒街道也清晰可見。這景色實在別具一格。我繼續想像自己處於中世紀，從城堡俯瞰，還能看見人們騎著一匹又一匹的馬兒進出村莊，彷彿聽見達達的馬蹄聲越來越接近。下午五點多，差不多是家家戶戶開始準備晚餐的時間，氤氳的白煙從各家的煙囪飄出來，整座村子似乎都被一層香氣覆蓋著。

上｜從卡爾斯坦城堡俯瞰小鎮。
下｜在卡爾斯坦城堡裡拍出去的堡壘。

簡樸的世外桃源

　　傍晚將近，我們在回家的路上經過 Romantický Hotel Mlýn Karlštejn。車子一轉進去，就看見門口的矮木欄裡，養著羊、鹿、驢子和雞，這是捷克典型的鄉間風貌。這間旅館的後方是一個空間開闊的庭院，同時也是清澈的貝龍卡河的河岸，這兒往往會有新人在這兒舉辦婚禮。我們坐在木製長椅上，看見對岸有一群年輕人在河裡面玩水，十分歡愉。這邊的自然景色美麗動人，呈現出捷克人民簡樸自在的生活。水面如同鏡子一般，反射彼岸森林的美，這場景好平和、好怡人，我坐在長椅上，閉起雙眼，聽那河流些許湍急的聲音，並讓微風緩緩梳開我的髮絲；深吸一口氣，那清新的空氣將我的內心洗滌的一塵不染。回程途中，看見綠油油的草原上，有乘坐熱氣球的活動。雖然我們沒有參加，但看著熱氣球漸漸升天，在渲染成一片和諧的紫與橘的天空中，與正在西下的夕陽前，呈現如畫作中的輪廓。

INFO
Romantický Hotel Mlýn Karlštejn
交通：最推薦交通方式為租車或搭乘計程車
網頁：hotelmlynkarlstejn.cz/en

左｜Romantický Hotel Mlýn Karlštejn 前的小小牧場。
右｜卡爾斯坦城鎮的夕陽街景。

Romantický Hotel Mlýn Karlštejn 後院的河流和景色。

守瞻禮主日

聖嬰教堂 Bambino di Praga

教堂的誕生

星期天電車班車比較少，我十一點就出門前往聖嬰教堂望彌撒。聖嬰教堂真正的名字是勝利之后聖母教堂（Kostel Panny Marie Vítězné），不過它通常被稱為聖嬰教堂（一提到「Bambino di Praga」，眾人皆知，但捷文為「Pražské Jezulátko」），以教堂內的一座聖嬰像聞名。這座教堂坐落於小城區，每年都有成千上萬的旅客來此朝聖。勝利之后聖母教堂是布拉格第一座巴洛克式教堂，於十七世紀初期為了德國路德教派的信徒所建造，當時稱為聖三教堂。隨後，天主教在白山戰役中大獲全勝，這座聖堂就被贈送給加爾莫羅修會，為表達恭賀天主教勝利之意。加爾莫羅修會接手聖堂後，將它重新命名、裝潢，即今日所見的樣貌。

耶穌小時候

聖堂中鼎鼎大名的聖嬰像（耶穌嬰兒聖像）的歷史較聖堂本身來的悠久。聖嬰像早在十六世紀就已經從西班牙來到布拉格。於十七世紀時，這座聖像被贈與給一位名叫 Polyxena of Lobkowicz 的貴族女性，從那次起，聖嬰像就成了她們家的傳家之寶。Polyxena 的先生過世

後，她把聖像送給了當地的加爾莫羅修會，隨後在十八世紀，聖嬰像被放置在勝利之后聖母教堂。聖嬰像以耶穌聖嬰的衣裳出名，有超過四十件精緻的外衣及兩個皇冠，會依照每年的禮儀年曆表來更換。幫聖嬰穿衣服這項傳統是自古流傳下來的，為了讓耶穌像能與真實的人一樣，更貼近信徒。據說，許多信徒前來朝聖，在聖嬰像前祈禱後，他們的禱告都被應許了，且發生了許多神蹟，因此，信徒幫小耶穌穿上亮麗的衣服，當作禮物，以表達祈禱獲得回應的謝意。這座教堂的二樓還有一個展示間，展示聖嬰像的小衣裳，有不同國家的信徒贈送的，因此每件衣服都有該國的特色！

上｜陽光下的聖嬰教堂。
下｜聖嬰教堂內的聖嬰像。

來聖嬰教堂望彌撒

　　聖嬰教堂禮拜天總共有五台主日彌撒，兩台捷克文、一台英文、一台法文和一台義大利文。除了一些觀光客在布拉格旅遊，碰到主日來望彌撒外，固定來參加英文感恩祭典的教友幾乎全是菲律賓人。彌撒開始，聖堂後方二樓的位置傳來悅耳動聽的聖歌。第一次在巴洛克式教堂參加彌撒，內部的聖像和聖畫實在是非常氣派。在中古世紀，拉丁文為所謂的官方語言，通曉拉丁文為高知識分子的象徵，而識字的人幾乎為教會中服務的神職人員。一般民眾對拉丁文一無所知，因此得靠聖像及畫作來了解《聖經》的人物和故事。天主教徒也相信聖人能夠為人們祈禱，因為教會是天上、地上及地下相通的教會。眼見聖堂中一幅又一幅動人的畫作，是人們用畫筆將《聖經》故事呈現的如此美麗，用來光榮天主，天主看了，笑了，將祂的恩寵賜予人們。這神聖的空間讓我感覺在這一個多小時中，被包庇在上主的懷抱中。

INFO

勝利之后聖母教堂（聖嬰教堂）
（ Kostel Panny Marie Vítězné (Pražské Jezulátko) ／ Church of Our Lady Victorious (Prague Bambino; Infant Jesus of Prague) ）

● 搭乘地鐵 A 線至 Malostranská 站，轉電車 12、15、20 號至 Hellichova 站，再步行約 5 分鐘

● 搭乘電車 12、15、20、22、57、91 號至 Hellichova 站，步行約 5 分鐘

註 1：聖嬰教堂不需購買門票。

註 2：平常參觀時間可能正逢平日彌撒進行，需要保持安靜喔！

雙橋塔 Staroměstská mostecká věž & Malostranské mostecké věže

　　彌撒結束後，我和爸媽約在布拉格洲際飯店（InterContinental Prague）碰面，從小城區過去得到伏爾塔瓦河的對岸，因此我沿著教堂前的街道，經過小城區廣場、聖尼古拉教堂，走上橫跨伏爾塔瓦河的哥德式大橋「查理橋」前往河的對畔。查理橋的兩端矗立著舊城橋塔和小城橋塔，為橋頭、橋尾做上永不褪去的記號。這座橋及其周邊美景讓人百看不膩，即使走上千百回，也令人留連不捨。

小城橋塔。

INFO

舊城橋塔（Staroměstská mostecká věž ／ Old Town Bridge Tower）
- 搭乘地鐵 A 線至 Staroměstská 站，步行約 10 鐘
- 搭乘電車 2、12、17、18、25、93 號至 Staroměstská 站，步行約 6 分鐘至舊城橋塔（舊城區側）

小城橋塔（Malostranské mostecké věže ／ Lesser Town Bridge Tower）
- 搭乘地鐵 A 線至 Malostranská 站，步行約 10 鐘
- 搭乘電車 1、10、12、15、20、22、23、97 號至 Malostranské náměstí 站，步行約 3 分鐘

舊城橋塔（沒錯，夏天的布拉格，查理橋上就是這麼多人，若想要感受查理橋上清幽的早晨，建議可以清晨來訪）。

查理橋 Karlův most

查理橋的前世今生

查理橋的捷文是 Karlův most，most 即捷文「橋」之意。查理橋的前身為朱迪斯橋，是第一座橫跨伏爾塔瓦河的石橋，但在 1342 年，一場大洪水將朱迪斯橋沖垮，隨後，在查理四世執政時期，下令在原朱迪斯橋的位置開啟建橋工程，且它的寬度要能容納四匹馬交錯行走的距離。因為是用石頭建造的，大橋剛落成時，人們稱它為「石橋」或「布拉格橋」，它也是當時唯一連接舊城區與小城區的橋。十九世紀後期，人們為表達對查理四世的敬意，將石橋命名為「查理橋」。查理橋的橋面曾有過馬車、電車及巴士的車軌痕跡，在二十世紀後期才成為只有行人走的大橋。而這座猶如露天藝術館的石橋，背後也有一段有趣的故事，是真是假已無法追溯，但傳說之所以美就在於它似是而非的故事裡。當年，查理四世為了要打造一座史上最堅固的橋，因此在建造的過程中，將蛋汁、紅酒和凝乳混在一塊兒，用來黏著石塊。國王下令要全國各地的百姓把蛋送到布拉格，好完成這座浩大的工程。不過，有些農村的居民沒搞清楚國王的意思，深怕路途顛簸，蛋運到布拉格時會破掉，因此先把蛋全煮熟，反倒運了一車又一車的白煮蛋到布拉格。

INFO

查理橋（Karlův most ∕ Charles Bridge）
- 搭乘地鐵 A 線至 Staroměstská 站，步行約 10 鐘至舊城橋塔（舊城區側）
- 搭乘電車 2、12、17、18、25、93 號至 Staroměstská 站，步行約 6 分鐘至舊城橋塔（舊城區側）
- 搭乘地鐵 A 線至 Malostranská 站，步行約 10 鐘至小城橋塔（小城區側）
- 搭乘電車 1、10、12、15、20、22、23、97 號至 Malostranské náměstí 站，步行約 3 分鐘至小城橋塔（小城區側）

從小城區側伏爾塔瓦河畔看查理橋。

聖若望桌玻穆的傳說

幾百年歷史的查理橋，左右兩側各有 15 座雕像，其中一座雕像的背後有一段扣人心弦的傳說。

瓦茨拉夫四世執政時期，布拉格的若望桌玻穆神父（約翰內波穆克；John of Nepomuk）專門為有權有勢的貴族及皇室成員辦告解。神父是不能把告解的內容說出去的，若望神父當然也不例外。一般來說，國王和皇后沒有找固定的神父辦告解，但蘇菲亞皇后非常信任若望神父，只找他告解。好奇心重的瓦茨拉夫四世非常想知道皇后都跟神父說些什麼，但無論他怎麼強迫、威脅，甚至凌虐若望神父，要求他透露皇后的告解內容，盡忠職守的神父依然守口如瓶。有一天，暴怒的國王忍無可忍，下令將若望神父從石橋（即查理橋）丟到伏爾塔瓦河裡淹死。十八世紀初，天主教會將這位殉道的若望神父封為聖人。隨後，歷史愛好者開始探索這位聖人的真實性，他們發現這個傳說確實是根據若望神父的故事流傳至今，不過據歷史記載，若望神父被國王下令丟下石橋的真實原因是他無辜捲入政治鬥爭，成為其中的受害者。

隨後，聖若望的銅像被佇立在查理橋上，為紀念這位聖人高潔與出眾的德性。

據傳說，人們相信只要觸摸到銅盤上的聖若望雕刻，有朝一日必會重返布拉格。然而，觀光旺季的布拉格，橋上總是擠滿觀光客，爭先奪後的摸聖若望銅盤，許多人不知道這段傳說，好不容易擠到前面便匆匆的摸完女人跟狗就離開，因此也為它們拋上金光。

The End ~

左｜被拋上金光的女人銅盤。
右｜連狗也被拋上金光了。

上｜傳說中只要摸到銅盤上的聖若望
雕刻，有朝一日必會返回布拉格。民
間也流傳只要將手放在橋上的紅底金
十字上閉眼許願，就會實現。
下｜查理橋上聖若望的雕像。

橋上的歡愉音符

逐步接近舊城橋塔，一段輕快歡愉的旋律傳來，走近一看，原來是一個由中年男子組成的樂團，在查理橋上為美景增添背景音樂，而觀光客遊走的姿勢就像是自己獨特的舞姿，搭配音樂的節奏舞動，人們交談的聲音好似歌詞，美妙極了！

這個樂團為 Bridge Band，於 1989 年緊接在絲絨革命之後創立的，他們還有自己的專輯呢！只要天氣好，Bridge Band 都會在橋上演出，演出的時段為下午一點到三點。今天下午豔陽高照，看著這群樂手額頭上泛著汗珠，充滿熱情的演奏，可想他們當年於共產解體後，成立樂團時，內心是多麼的澎湃啊！我

在樂團前逗留了一會兒，好好欣賞這清耳悅心的音樂和眼前的美景。看看時間差不多了，我走向舊城橋塔，Bridge Band 的演奏隨著我的腳步漸弱。

Bridge Band 在查理橋上演奏。

過橋之後

河畔上的聖方濟各教堂

下了查理橋，往左一瞧，一座華美中帶點純樸的巴洛克初期教堂佇立在那，它是聖方濟各教堂（Kostel svatého Františka z Assisi）。這座教堂屬紅星十字騎士修會，是唯一源自捷克且總部在布拉格的男修會。中世紀時，紅星十字騎士修會主要貢獻於醫務，後來除了提供神職人員培訓和教育的資源外，也在耶穌會士及其他修會來捷克初期之際提供許多幫助。自十九世紀起，許多修會的成員在捷克的教育界任職。修會成員不僅是捷克當地人，也有許多來自波蘭、德國和其他地區的人，共同成為捷克教育和文化界不可或缺的支柱。

走進聖堂往左邊看，牆上鑲著一座聖瑪利亞‧瑪達肋納聖像，她是我的主保聖人，背景深褐色的圓拱形框架將大理石雕刻襯托的栩栩如生。再往前走，抬頭看圓頂的壁畫，是捷克藝術家繪製的「最後的審判」，真是美極了！我滿心歡喜的離開聖堂，走去和爸媽碰面。

上｜聖瑪利亞‧瑪達肋納的聖像。
下｜「最後的審判」壁畫。

INFO

聖方濟各教堂（Kostel svatého Františka z Assisi ／ St. Francis of Assisi Church）

- 搭乘地鐵 A 線至 Staroměstská 站，步行約 5 分鐘
- 搭乘電車 2、12、15、17、18、20、53、57 號至 Staroměstská 站，步行約 3 分鐘
- 搭乘電車 2、17、18、22、53、57 號至 Karlovy lázně 站，步行約 2 分鐘

聖方濟各教堂外觀，前方還矗立著查理四世的雕像。

圖片左邊綠色圓頂的教堂為聖方濟各教堂，右邊白色的巴洛克初期建築為救主堂。

與查理橋相望的救主堂

救主堂（Kostel Nejsvětějšího Salvátora）是布拉格最珍貴的巴洛克初期建築之一，它與舊城橋塔相望，每從查理橋下來即能看見。救主堂原為耶穌會的教堂，後來歸屬查理大學，成為捷克第一座大學教堂，主要服務對象為布拉格的教師、學生及其他在學校機構服務的人。

INFO

救主堂（Kostel Nejsvětějšího Salvátora／St. Salvator Church (Holy Saviour Church)）

● 搭乘地鐵 A 線至 Staroměstská 站，步行約 5 分鐘
● 搭乘電車 2、12、15、17、18、20、53、57 號至 Staroměstská 站，步行約 3 分鐘
● 搭乘電車 2、17、18、22、53、57 號至 Karlovy lázně 站，步行約 2 分鐘

魯道夫音樂廳

　　走往 InterContinental Hotel 的路上，一棟醒目的建築矗立在河岸邊，它是布拉格具代表性的「魯道夫音樂廳」。這棟新文藝復興風格的建築於 1885 年開幕，是布拉格的文化殿堂。它隨後於第一共和時期被當作議會使用，並在共產時期挪出部分空間讓藝術學校的學生用來上體育課。1990 年，魯道夫音樂廳閉門重建，兩年後它重新以藝術空間復出。

新文藝復興風格的魯道夫音樂廳。

猶太區 Josefov

猶太區的過往

我和爸媽在 InterContinental Hotel 碰面後，在猶太區安靜的巷弄中蹓躂了一會兒。猶太區位於舊城區（Staré Město）和伏爾塔瓦河的中間，它的歷史可追溯至十三世紀。當時，猶太人終於得以告別遊蕩不定的生活，在布拉格的一個固定區域定居。令人驚歎的是，布拉格的猶太區可說是歐洲大陸中，歷史古蹟保存最完整的地方。這兒的建築沒有在重整市容時被拆毀，它們甚至還能在二戰後安然無恙。猶太區能夠倖存於納粹，是因為希特勒特別保存猶太區，原本要將它做為絕種民族的博物館，而納粹也確實從各個被占領的歐陸國家將猶太藝品等運送至此。

INFO
布拉格洲際飯店（InterContinental Prague）
- 搭乘地鐵 A 線至 Staroměstská 站下車，步行約 5 到 10 鐘
- 搭乘電車 2、12、15、17、18、20、53、57 號至 Staroměstská 站，步行約 5 分鐘

遊走猶太區

雖然猶太區到舊城廣場，走幾步路就到了，但週末的舊城廣場鐵定人山人海，因此我們沒有繞進去，只在舊城區的外圍和猶太區閒遊。舊城區和猶太區以高聳的聖神教堂為邊界，它就在猶太區的西班牙會堂旁，是距離猶太區最近的天主教堂。就在聖神教堂和西班牙會堂的中間，有座卡夫卡的銅像，默然的立在布拉格這安靜的角落，卻有數不清的遊客來到這兒只為了和著名的現代文人卡夫卡合影。

INFO
猶太區（Josefov ／ Jewish Quarter）
搭乘地鐵 A 線至 Staroměstská 站，步行約 5 分鐘

聖神教堂（Kostel sv. Ducha ／ Church of the Holy Spirit）

- 搭乘地鐵 A 線至 Staroměstská 站，步行約 10 分鐘
- 搭乘電車 17、53 號至 Právnická fakulta 站，步行約 5 分鐘
- 搭乘電車 2、12、15、17、18、20、53、57 號，至 Staroměstská 站，步行約 10 分鐘

西班牙會堂（Španělská Synagoga ／ Spanish Synagogue）

西班牙會堂現在屬於布拉格猶太博物館的其中一部分。

- 搭乘地鐵 A 線至 Staroměstská 站，步行約 10 分鐘
- 搭乘電車 17、53 號至 Právnická fakulta 站，步行約 5 分鐘
- 搭乘電車 2、12、15、17、18、20、53、57 號，至 Staroměstská 站，步行約 10 分鐘

卡夫卡銅像

這座銅像的造型十分引人注目，是卡夫卡坐在一個無頭男子的肩上。這座銅像出自雅羅斯拉夫・羅納（Jaroslav Róna）的巧手，他的題材來自卡夫卡的短篇小說《Description of a Struggle》，一段令人印象深刻的場景：兩名男子在嚴冬的夜晚散步聊天，卻演變為爭吵，而其中一名男子異常熟練的跳躍到另一名男子的肩上，用拳頭搥他後背、雙腳踢他肚子，好讓他能夠振作的小跑步。羅納更是巧妙的將銅像融合在卡夫卡家喻戶曉的作品《變形記》中。《變形記》敘述一名男子有天早上起床要準備去上班時，發現自己變成一隻蟑螂，躺在床上動彈不得，這蟑螂可說是這作品的象徵圖像。因此，羅納別具匠心的將卡夫卡這兩個故事最具代表的圖像融合，那名無頭男子的西裝領口那兒隱約呈現一隻蟑螂的輪廓，讓這座卡夫卡銅像成為布拉格寧靜小巷中引人注目的焦點。

卡夫卡銅像。

卡夫卡銅像（Franz Kafka Monument）
位於西班牙會堂前，交通方式與到達西班牙會堂一樣。

廣場上的大小事

幾乎每天早上都是聞到咖啡香後才睡眼惺忪的坐起來，看一下時間，再起身到浴室梳洗。除了傍晚要到聖尼古拉教堂聽聲樂音樂會外，今天沒有什麼特別的行程，可能等會兒邊吃早餐，才會一邊跟媽媽討論下午要去哪兒吧。

地鐵站有蛇

布拉格的電車雖然沒有冷氣，但夏天搭起來，若沒那麼多人，其實不算太熱。一如往常的，我們從家裡搭電車到 Dejvická 轉地鐵，再到 Můstek 站下車，出來就是瓦茨拉夫廣場（Václavské náměstí）。冬天一過，媽媽只要從這個地鐵站出站，都格外小心，因為有名男子總會帶著他的寵物蛇在 Můstek 站不固定的出口吸引觀光客。這算是街頭藝人嗎？或許是吧，畢竟蛇也是他訓練的。不過，我那怕蛇的媽媽只要到這一區就會緊張兮兮。

瓦茨拉夫廣場 Václavské náměstí

因此，每當我們在瓦茨拉夫廣場附近遊蕩時，我馬上多了一個身分，就是媽媽的尋蛇保衛者，只要發現前方不對勁，就會立即通報，走向道路的另外一側。今天從地鐵站出來，我確保方圓百尺內毫無警

訊，就跟媽媽穿梭在瓦茨拉夫廣場
的人群中到處逛了。瓦茨拉夫廣場
非常的寬闊，前幾天我們只在地鐵
站附近逗留，今天我們可走遍了整
個廣場。地鐵站出口這頭是下坡地
段，沿著上坡走，廣場的盡頭是雄
偉的國家博物館，前方有一座巨大
的聖瓦茨拉夫騎馬像，站在它旁邊
能夠俯瞰整個廣場。

上｜從國家博物館前俯瞰瓦茨拉夫廣場。
下｜國家博物館前的聖瓦茨拉夫騎馬像。

誰是聖瓦茨拉夫？

聖瓦茨拉夫為捷克的主保聖人，907 年出生於布拉格。瓦茨拉夫的父親在他年紀還小時就過世，從小被他的祖母聖盧德米拉帶大，直到有一天，瓦茨拉夫的母親為奪取權位而謀殺了盧德米拉，繼承了統治權，但殘暴的女王不受人民愛戴，受到政治壓力的瓦茨拉夫被迫推翻他母親的政權，成為國王。

不幸的是在 929 年，德國國王率兵攻打波希米亞，強迫瓦茨拉夫屈服於德國，要求波希米亞持續向德國進貢。因為這場敗仗，再加上許多非基督徒貴族反對瓦茨拉夫的基督化政策，一群人開始密謀反抗國王。935 年 9 月，瓦茨拉夫的弟弟帶領三名騎士，在一場宴會後，於教堂的階梯上謀殺了這位聖者。

聖瓦茨拉夫的守護

瓦茨拉夫殉道不久後被冊封為聖人，且在幾十年間，他的事蹟在中世紀盛期更是強化了人們對 rex justus（正當的國王）的概念，中世紀認為國王地位的正當性主要來自他虔誠的作為和他具尊嚴的魄力。瓦茨拉夫執政時，在我們今日所見的布拉格城堡旁，為紀念聖維特興建了一座圓頂教堂，之後擴建成現在的聖維特大教堂。聖瓦茨拉夫的聖髑被送至聖維特大教堂，成為重要的朝聖地之一。至今，只要站在瓦茨拉夫廣場上，即能感受這位聖人不斷的看顧並守護著這美麗的國家。

廣場的風風雨雨

瓦茨拉夫廣場的歷史可追溯至十四世紀初期，它見證了無數個歷史及社會事件；代表的是不可抹滅的記憶，也陳述著揮之不去的歷史真相。從中世紀的公然處決，到近代揚‧帕拉赫的極端抗議及絲絨革命的和平示威，這塊廣場嚥下了無數血淚，才有今日捷克人民回顧的歷史，更加堅定他們的民族意識。

我站在瓦茨拉夫廣場中央，憶起廣場的歷史，彷彿自己置身其中，回到了十四世紀中期。查理四世執政，在開拓新城區時，於1348年建造這片廣場。這兒的地形是一片寬闊的大斜坡，由高處緩緩向低處延伸，約750公尺長。當時廣場為一個很大的市場，它的最高處有一個巨大的牆門，稱作「馬門」或「聖普羅科匹厄斯門」，從那兒俯瞰下去，能將整個市場盡收眼底，有一種居高臨下的感覺。

馬市時期

一開始，人們總匯集於此做馬匹交易，稱這兒為「馬市」。後來農人和商人開始在這兒販賣農作物，也漸漸開始在廣場低處販賣馬鞍、香料和布料等物品，來自各地的人潮越來越多。馬市不僅是人們的交易場所，它也是當時行刑的地方。當死囚被囚車搖搖晃晃的拉過走道時，兩側的群眾總會默默地低下頭畫十字聖號，為囚犯的靈魂祈禱。犯人被處決後，市場總是一片沈默，但沈寂過後，市場又恢復以往的吵雜。市場低處有個叫做 Na Můstku 的角落，那兒有片池塘，旁邊還有一座風車，沿著市場的中心，有三處水源。有些女人會聚集在風車和水源附近，在人潮稀落時閒話家常。市場的正中央有一口公共用井，有些婦人會牽著孩童一起到這兒打水。馬市從早到日落前都擠滿人群，日落時分，人們紛紛散去，市場一片安寧，直到第二天早晨，曙光劃破天際時，人們再度來擺攤，迎接人聲鼎沸的一天。

同廣場見證捷克近代史

五個世紀後，在1848年，馬市改名為「瓦茨拉夫廣場」。1913年，巨大的聖瓦茨拉夫像佇立廣場高處俯瞰這片生氣勃勃的廣場。五年後（1918年）的10月28日，捷克斯洛伐克宣告獨立。到了1942年，廣場裡聚集人山人海，宣誓他們對納粹德國的忠貞。隨後於1945年，二戰軸心國戰敗，政府上層在此宣布大型私有工業

及銀行國有化。1948 年 2 月，眾人聚集在廣場慶祝共產黨及勞動階級的勝利，起始共產專制的時代。1969 年，一位名叫揚‧帕拉赫的學生在廣場自焚以示對共產專制獨裁的抗議。1980 年代後期，反共產政府的民眾紛紛在中東歐國家走上街頭，反共產的聲音於 1989 年達到高峰。同年的 11 月 17 日，捷克斯洛伐克的絲絨革命為共產專制畫上句號。

今日的瓦茨拉夫廣場

儘管時光輾轉好幾世紀，瓦茨拉夫廣場仍舊熙熙攘攘，除了絡繹不絕的觀光客外，當地居民也往來如梭，因為這裡距離郵局、銀行、住宅區和辦公區距離非常近。瓦茨拉夫廣場對我而言不單是參訪布拉格必到的觀光景點，它還深具社會與歷史價值意義。每每到此，心中澎湃不已，因為廣場見證了大至社會運動，小至平民百姓的生活點滴。它如波希米亞的動脈，賦予捷克文化豐富的生命。

左｜瓦茨拉夫廣場一景。
右｜瓦茨拉夫廣場中間的電車露天咖啡。

廣場驚魂記

今天的廣場特別熱鬧，可能正逢暑假期間，有表演舞團在廣場上坡處唱唱跳跳，許多觀光客人手一瓶啤酒在舞者周遭圍觀。我們從 Academia 書店出來，正在討論接下來往哪兒走，突然身後傳來好大「砰」的一聲，回頭一看，一位身型有點豐腴的中年婦女向後倒在地上。她一頭酒紅色短髮，在倒下的那刻被鮮血染紅，她面色蒼白，雙唇發紫，嘴裡還含著才咬下不久的熱狗麵包，吞到一半的食物還卡在咽喉。我跟媽媽看到嚇傻了，忽然一個會 CPR 的年輕小姐衝過來，把咀嚼到一半的麵包從婦人口中挖出，開始搶救，另外兩名路人蹲下來拿出一張又一張的衛生紙止血，我跟媽媽還有其他路人也拿出衛生紙，遞給他們。搶救的同時，有人趕緊撥打 155，不久後救護車的鳴笛聲迫近，醫護人員迅速將婦人抬到醫用擔架上，隨後開離廣場，鳴笛聲漸弱直到聽不到，廣場又恢復以往的步調。發生這段插曲時，廣場另一頭的表演團和群眾對此毫無察覺，我站在書店前，那畫面令人震驚，生命是多麼的可貴又脆弱，而廣場另一端的歡愉跟這頭的意外又是多麼大的對比，使人心情沈重，不曉得那位婦人有沒有被搶救成功，我默默為她祈禱，希望她能夠平安。

INFO

瓦茨拉夫廣場（Václavské náměstí ／ Wenceslas Square）
- 搭乘地鐵 A 線或 B 線至 Můstek 站，從 A 線出口出站即是廣場
- 搭乘電車 3、5、6、9、14、24、51、52、54、55、56、58、91 號至 Václavské náměstí 站即是廣場

布拉格的小耶路撒冷

離開瓦茨拉夫廣場後，我們來到離廣場不遠的禧年會堂（Jubilejní Synagoga）。它坐落於耶路撒冷路上，因此通常也被稱為耶路撒冷會堂（Jeruzalémská Synagoga）。會堂外觀非常醒目，色彩十分繽紛，是臺灣少見的摩爾文化建築。會堂玄關標示著必須脫帽，男士得戴上

Kipa（即猶太教的小圓帽）。聖堂的內部可說是富麗堂皇，雖是猶太會堂，但它的梁柱裝潢卻有伊斯蘭的風格，聖殿的裝潢、色調和水晶燈實在尊貴的令人屏息。

禧年會堂巡禮

長長的走道從大門直接通往臺階上的讀經台。讀經台的正後方擺設約櫃，是整座會堂最神聖的一處，因為裡頭放置 Torah（妥拉），即《聖經》舊約中的前五部書，分別為《創世紀》、《出谷紀》、《肋未紀》、《戶籍紀》和《申命紀》。這五本又稱作「梅瑟五書」，是猶太人法律和生活的指標與核心，而約櫃之所以神聖是因為裡面恭奉的是猶太教最重要的先知梅瑟所教導的上主的法律。讀經台正上方的圓拱屋頂中央，陽光穿透繪有大衛之星的彩繪玻璃，灑在讀經台上，代表上主時時刻刻的臨在。環顧四周，上主的聖言環繞整座會堂，二樓的胸牆上鑲有舊約的聖詠，讀經台的那面牆的高處則嵌著十誡，會堂中所有的文字皆用希伯來文呈現，洋溢著濃濃的異國風情，頓時好像不在布拉格似的，而猶太文化卻是布拉格的獨特情調中，不可或缺的一塊寶。

INFO

禧年會堂（Jeruzalémská Synagoga ／ Jerusalem Synagogue）
- 搭乘地鐵 A 線或 B 線至 Můstek 站，步行約 10 分鐘
- 搭乘地鐵 C 線至 Hlavní Nádraží 站，步行約 5 分鐘
  註：若搭乘地鐵，較推薦搭至 C 線的 Hlavní Nádraží 站，因 Můstek 站出口較多，找路較不方便。
- 搭乘電車 3、5、6、9、14、24、51、52、54、55、56、58、91 號至 Jindřišská 站，步行約 2 分鐘
- 搭乘電車 15、26 號至 Hlavní Nádraží 站，步行約 7 分鐘

舊新猶太會堂（Staronová Synagoga ／ Old-New Synagogue）
- 搭乘地鐵 A 線至 Staroměstská 站，步行約 5 分鐘
- 搭乘電車 2、12、15、17、18、20、53、57 號，至 Staroměstská 站，步行約 5 分鐘

上左│禧年會堂內部。中間圓拱形裝飾下方的金色部分為約櫃。
上右│禧年會堂外觀。
下左│禧年會堂內，讀經台上方圓拱屋頂中央的大衛之星。大衛之星為猶太文化的標記。

巷弄裡的平價美妝店

參觀完禧年會堂，我們順路到距離會堂步行不到五分鐘的 Ziaja 美妝店採購。Ziaja 其實是波蘭的人氣平價品牌，在捷克賣的相當好，簡約的裝潢和擺設，使商品的陳列顯得格外整齊又有質感。這兒的化妝水、面霜、眼霜、BB 霜、CC 霜、護唇膏、乳液、牙膏還有護腳霜等都非常好用呢！採購完畢後，我們拎著大包小包的戰利品搭電車回家。

INFO

Ziaja

● 搭乘地鐵 A 線或 B 線至 Můstek 站，步行約 5 至 10 分鐘
● 搭乘地鐵 C 線至 Hlavní Nádraží 站，步行約 5 分鐘
註：若搭乘地鐵，較推薦搭至 C 線的 Hlavní Nádraží 站，因 Můstek 站出口較多，找路較不方便。
● 搭乘電車 3、5、6、9、14、24、51、52、54、55、56、58、91 號至 Jindřišská 站，步行約 5 分鐘
● 搭乘電車 15、26 號至 Hlavní Nádraží 站，步行約 10 分鐘

小城區的寶石—聖尼古拉教堂
Kostel sv. Mikuláše

回家休息一會兒後，我獨自搭乘電車到小城區的聖尼古拉教堂聽聲樂音樂會。

小城區的巷道雖是羊腸小徑，街景卻十分精緻。若從伏爾塔瓦河畔方向過來，在走過高牆，穿越長廊後，能看見一座華美的巴洛克式教堂映入眼簾。這就是聖尼古拉教堂，是小城區的寶藏，它的興建始於十八世紀初期，歷經家族三個世代的汗水才見今日宏偉的聖堂。走進教堂，馬上被一股安靜又平和的氛圍包覆，我一邊往教堂前方走，一邊欣賞華美的巴洛克式教堂中的聖像和聖畫，並驚歎那巧奪天工的雕琢。我不禁讚嘆十八世紀的師傅們在沒有高科技器材的輔助下竟能徒手完成這樣的巨作，實在令人敬佩啊！

上左│小城廣場中,電車進站之際仰望聖尼古拉教堂。陰天的布拉格總有一種惆悵卻優美的感覺。
上右│從小城橋塔觀望聖尼古拉教堂。
下│聖尼古拉教堂的巴洛克式圓頂特寫。

聖樂的洗禮

　　我找到一個舒適的位子坐下，準備接受聖樂的洗禮，當我正專注的凝望祭台後方的耶穌苦相時，一聲洪亮的歌聲劃破沈寂。聖堂是一個莊重的場所，是人與神近距離接觸的聖所，即使是來欣賞聖樂，依然能感受到一點嚴肅的氛圍。其實歐洲許多教堂都有舉辦這樣的聖樂音樂會呢！我四處張望，試圖尋找女高音清脆歌聲的來源。原來她站在二樓的牆柱邊高歌，那高昂的美聲真是響徹雲霄、餘音繞梁。許多人相信唱歌是雙倍的祈禱，我闔上雙眼，想像天使在雲端跳舞，享受這真實的悸動。

INFO
聖尼古拉教堂（Kostel sv. Mikuláše ／ St. Nicholas Church）
- 搭乘地鐵 A 線至 Malostranská 站，步行約 10 分鐘
- 搭乘電車 1、5、7、11、12、15、20、22、25、57 號至 Malostranské náměstí 站，步行約 2 分鐘

聖尼古拉教堂內部華麗的聖壇。

祝您生日快樂

今天是媽媽生日，爸爸上班前跟我們討論了一下，晚上要帶媽媽去哪兒吃生日晚餐。

在共和廣場蹓躂 náměstí Republiky

我們家人過生日，其實不會大費周章或堅持要滿漢全席，只要聚在一起吃個平價的晚餐和蛋糕就心滿意足了。今天下午我跟媽媽到 Palladium 購物中心逛街，我們都叫它兩百家，因為在購物中心的玻璃窗上，打著大大的 200 SHOPS 字樣。我們三人常常吃完晚餐會到兩百家逛逛，順便去 Marks & Spencer 碰碰運氣，看有沒有打折的麵包，再到麥當勞喝杯咖啡。兩

百家旁邊為共和廣場，是布拉格的熱門廣場之一，即使平日下午也是人群如幟。我和媽媽到兩百家地下一樓的星巴克喝咖啡，配上一顆馬卡龍，點綴在布拉格美好的午後。

INFO

Palladium

- 搭乘地鐵到 B 線 Náměstí Republiky 站，步行約 5 分鐘
- 搭乘電車 6、8、15、26、51、54、56、91 號到 Náměstí Republiky 站，步行約 2 分鐘

從共和廣場側拍市民會館。

城門城門雞蛋糕—火藥塔 Prašná brána

　　回家路上，我們經過火藥塔
（Prašná brána）。這座哥德式的城
門建於十五世紀後期，是中世紀通
往布拉格的城門，捷克歷代的國王
參加加冕典禮時，都是行經這兒到
達布拉格城堡。有些遊客會爬將近
兩百階的旋轉梯到火藥塔頂端俯
瞰城市美麗的景色。火藥塔離舊城
區非常近，但傍晚將至，我們往回
走，要搭電車回家等爸爸下班去幫
媽媽慶生。

INFO

火藥塔（Prašná brána ／ Powder Tower）
- 搭乘地鐵到 B 線 Náměstí Republiky 站，
  步行約 5 分鐘
- 搭乘電車 3、6、14、15、24、26、
  51、52、54、56、91 號至 Praha
  Masarykovo Nádraží 站，步行約 7 分鐘
- 搭乘電車 6、8、15、26、51、54、56、
  91 號至 Náměstí Republiky 站，步行約 5
  分鐘

從共和廣場側拍火藥塔。

布拉格的後花園

爸爸今天比較早回家，開車載我們出去吃飯。晚上七點多，天還是亮的，我們今天不到城中心跟其他觀光客人擠人，而是沿著伏爾塔瓦河往舊城區的反方向開，這條路的景色十分怡人，綠油油的小山坡倒映在河面上，伴隨著粼粼波光，船划過的漣漪將自然景致的多重色彩調和在一塊兒，這景色實在令人陶醉。不一會兒，我們到了Restaurace Na Vrškách，餐廳外觀像獨棟別墅，位於斜坡的路口上。今天天氣非常舒爽，坐在室外用餐格外享受，且景色也令人心醉。雖然這兒已看不到河景，但逐漸西下的夕陽灑落在郊區的道路和綠意盎然的樹木上，配上吱吱鳥叫聲，讓我們在用餐時多了印象派的氛圍，這頓簡樸的晚餐讓媽媽生日真的很快樂呢！

INFO

Restaurace Na Vrškách
搭乘公車 340、350、359、604 號至 Roztoky, Tyršovo náměstí 站，步行約 5 分鐘

幫媽媽慶生的餐廳。

7/23 （三）　見證李布謝的預言

登上高堡區 Vyšehrad

今天我和媽媽搭乘地鐵到較少前往的紅線，到李布謝公主當初預言布拉格繁盛的高堡區。高堡區的地勢頗高，從布拉格的城中心就能看見這座高聳的雙塔教堂。從地鐵站到教堂的路雖為上坡，但沿途的景色讓人心醉目酣，忘卻陡坡行程，放眼望去能清楚的看見城堡區和小城區，令人期待登到最高處時，盡收眼底的美景。

麻雀雖小，五臟齊全

從平地登上高堡區的路程還經過聖馬丁圓頂教堂。它建於十一世紀後期，是一座小巧可愛的羅馬式紅色圓頂教堂，建築本體則用黃磚堆砌而成，是布拉格現存最大且最古老的圓頂教堂，經歷了許多戰火後所倖存下來的，在三十年戰爭時用來貯藏火藥。聖馬丁圓頂教堂到戰火過後才又重整一番，呈現今日所見的面貌，如今是高堡區教士舉行宗教儀式的聖所。

聖馬丁圓頂教堂。

「表裡不一」的教堂

我們一走到高堡區的頂端，就看見高聳的新哥德式教堂迎接我們。這座教堂從九百年前就開始興建，它猶如希臘神話中的老先知，白髮蒼顏的站在那兒，目睹無數風雨，蘊藏著鮮少人能匹敵的智慧，你若靠近，他總有什麼深不可測的謎語向你傾訴。這座教堂的外牆有點黑，內部卻金碧輝煌，將哥德式與巴洛克式融合在一塊兒。

聖母近在眼前

教堂中有一座典型的巴洛克式聖像，「聖殤」（piéta），為聖母瑪利亞將被釘死的耶穌捧在雙手中，悲慟的看著她的孩子。巴洛克式以極度寫實的風格出名，雕像的臉部表情相較於古典時期稍微戲劇化些，而肌膚及衣物質感刻畫的栩栩如生。

向公主請安

參觀完教堂，我們到外頭的公園散步，公園中佇立一座龐大的李布謝公主和她丈夫的雕像，公主指向城堡區，也就是當初她預言所指的地方。公主的雕像和現在繁華的城堡區的確是相互呼應，時代也確實印證了李布謝公主的預言。整點時分，教堂鐘聲響起的那一霎那，

上｜巴洛克式「聖殤」。
下｜李布謝公主與她丈夫的雕像。

鳥兒從樹梢起飛，配合不同音調譜成的優美旋律在空中盤旋，展現優美的舞姿。鐘聲響畢後，共鳴仍迴盪在空中，微風吹動的樹葉像是隨著共鳴震動。

雙塔教堂正面。

雙塔教堂側拍。

名人長眠之處

公園旁有一塊圍起來的地，是高堡墓園，又稱作名人墓園，因為有超過六百個捷克名人都安息於此，包括詩人、科學家、藝術家、政治人物和作家等。

去年冬陽暖照時

我們晃了一圈後，坐在回程步道上的木頭椅歇會兒，欣賞永垂不朽的畫作「這兒望去的景致」。還記得去年冬天來這兒時，看見的是白雪皚皚的城市，那天暖陽從雲層後方探出頭來，使白雪有些刺眼，卻帶來微微的暖流。夏天再訪此區，景致雖與冬天不同，卻依然美麗動人。布拉格的美有多種風貌，皆獨樹一格，它總隨著季節的變化披上新的衣裳，實在美不勝收。

INFO

聖伯多祿聖保祿教堂（Bazilika sv. Petra a Pavla／Basilica of St. Peter and St. Paul）

● 搭乘地鐵至 C 線 Vyšehrad 站，步行約 15 至 20 分鐘
● 搭乘電車 7、14、18、24、53、55 號至 Ostrčilovo náměstí 站，步行約 15 至 20 分鐘
● 搭乘電車 2、3、17、21、52 號至 Podolská vodárna 站，步行約 20 分鐘。此路徑是沿伏爾塔瓦河畔行走

名人墓園一隅。

在布拉格獨處的夜晚

爸爸還沒下班。夏天傍晚六點多的布拉格天還沒黑，卻見人潮趕著回家準備晚餐或與心愛的人約會，亦或前往某處與朋友赴約。從地鐵出來，看見瓦茨拉夫廣場的 Academia 書店，不禁想起前幾天在這兒倒下的那位婦人。我駐足在原地，默默的感傷一下，再起步往廣場下坡處後方的巷子走去，找一間餐廳坐下。Pizzeria Corto Restaurant 的室外空間比室內還要大，來歐洲旅遊若不隨興坐在戶外，彷彿欠缺觀光精神。我點了一個薄片披薩和一杯冰拿鐵，一邊品嘗我在布拉格獨處的一餐，一邊看米蘭・昆德拉的書，等待黑光劇場的《浮士德》開演。披薩下肚後，我繼續翻閱了幾頁書本，再把最後一點咖啡喝完，此時突然飄起雨來了，我趕緊結帳，希望能在大雨來臨之前到達黑光劇場，免得等會兒淋成落湯雞看戲，那就慘了。

INFO

Pizzeria Corto Restaurant
- 搭乘地鐵 A 線或 B 線至 Můstek 站，步行約 5 分鐘
- 搭乘電車 2、3、5、6、9、14、15、24、26、51、52、54、55、56、58、91 號至 Jindřišská 站，步行約 10 分鐘

布拉格黑光劇場（Black Light Theatre of Prague）
- 搭乘地鐵 A 線或 B 線至 Můstek 站，步行約 5 分鐘
- 搭乘電車 2、3、5、6、9、14、15、24、26、51、52、54、55、56、58、91 號至 Jindřišská 站，步行約 10 分鐘

黑光劇場初體驗

這間黑光劇場空間並不大，更不像是國家劇院那樣華麗，規模比實驗劇場或小劇場大一些，演出的品質卻令人驚奇。在當地人眼中，黑光劇場或許被歸納為商業化的劇場，但不可否認，這的確是布拉格的觀光特色之一。黑光劇場源於共產時期，當時人們生活枯燥乏味，加上被囚禁在這殘酷的思想體系中，他們發掘了黑光劇的娛樂性質，這新穎的娛樂活動便成了捷克人在共產專制下的樂趣；劇情皆來自大眾耳熟能詳的古典文學，全靠動作、音效和音樂演出，因此觀光

客不需要擔心語言的隔閡，這也是為什麼許多觀光客除了在國家劇院和城邦劇院等大劇院欣賞演出外，會選擇到黑光劇場來深入的體驗當地文化。黑光劇場的演出技巧主要為操偶，即操控偶具，賦予偶具靈魂和生命力，因此黑光劇場的演員除了需相對短暫的出場演出外，他們得非常敏捷與熟練的操偶，使偶具和音樂節奏與故事情節的步調一致。

與魔鬼的交易

　　《浮士德》在西方文化裡就如同《白蛇傳》在中華文化中家喻戶曉一般。浮士德是一名博士，他為了獲得無限的知識，便用自己的靈魂與魔鬼做交易，但浮士德離開人世後依然獲得救贖，進入天國。始於中古世紀的浮士德傳說充滿基督宗教的色彩，到了十六世紀後期，文藝復興時代的英國文豪馬羅將浮士德傳說改編成舞臺劇演出。十九世紀初，著名的德國大文豪歌德也將浮士德傳說改編成劇本。在西方文明史中，浮士德的故事不斷被重新詮釋、呈現，不過仍以馬羅和歌德的版本最為著名。

黑光劇場門口。

捷克的「誘惑」

　　布拉格之春後，捷克前總統哈維爾也將浮士德的傳說改編成名為《誘惑》的現代舞臺劇，引起各界注目，但《誘惑》的結局並不樂觀，劇中主角浮士卡不但沒有得到救贖，反而被活活燒死，這驚天駭人的場景讓人聯想到地獄，不禁懷疑哈維爾是否刻意要讓觀眾將共產政府與地獄劃上等號，在共產專制下沒有救贖，人民在這宣稱為真理的理念下被判死，而臺上炎熱的火焰代表在共產地獄中永恆的毀滅。反觀黑光劇場演出的浮士德傳說以喜劇性質較多，輕巧的音樂加上繽紛的霓虹燈，再配合輕盈的舞步，使氛圍變得歡愉。演出結束後，外頭的雨還沒停，我站在劇場外的屋簷下等待爸爸媽媽開車來接我。回家沖個熱水澡，舒服極了，不過臉頰有點麻麻的，我想是因為晚餐那杯拿鐵的咖啡因有點高，睡一覺就沒事了。

Czech Hall Of Fame

文人總統─瓦茨拉夫・哈維爾

　　來到捷克，你不可不知文人總統哈維爾。哈維爾於 1936 年出生於布拉格，他的家族成員在捷克的政壇和文壇上占有一席之地，這雖然為他帶來許多優勢，卻也讓他的成長過程沒那麼順遂，因為共產黨執政後，哈維爾被禁止就讀人文藝術類的科系，幸好哈維爾仍然抱持這股熱情，於 1966 年，以函授學生的身分從布拉格表演藝術學院戲劇學系畢業，不久後以他的荒謬劇聞名，成為國際上備受矚目的劇作家。1968 年後，捷克的人民受蘇聯共產入侵，因此哈維爾從戲劇界轉至政壇，用他最擅長玩弄的文字，發揮龐大的影響力。

祕密花園的下午茶

悠閒的午後，我和媽媽從家裡附近的韓國超市買完東西走回家，她再開車帶我去一個「私人景點」享受母女倆的下午茶，也因為我們要去的地方不在城中心，道路較不擁擠，再加上會經過那兒的公車或電車極少，媽媽才會開車出門。其實從家裡出來，只要往機場方向，也就是城中心的反方向開，媽媽都是願意開車的，因為城裡的路實在太過狹窄、蜿蜒，一不小心就會刮傷車子，所以還是搭乘公共交通運輸工具，省事又省時，且電車或地鐵站都離熱門景點很近。

波希米亞的浪漫主義

說到蜿蜒崎嶇的道路，就會講到捷克人的民族性和他們的民族意識，捷克人性情幽默，民族意識很高，最高漲的時候在二十世紀，和浪漫主義有關。英國的浪漫主義於十九世紀到達巔峰，再逐漸席捲歐洲大陸，其中以拜倫的作品影響最深，到了二十世紀，浪漫主義滲透中歐。因浪漫主義強調情感流露，中歐文學家也開始在作品中流露對國家自然風貌、傳統文化及語言的情感聯繫，漸漸激起人們挖掘自己國土歷史的渴望，串起民族的共同記憶和傳統，呈現獨一無二的文化，而捷克詩人馬哈的詩在喚起捷克的民族意識上功不可沒。

獨特的捷克民族

捷克的民族特徵興起除了馬哈的詩外，也來自鄉間的傳統藝術以及民間的古老傳說，這些塵封已久的記憶被重新拾起並流傳至今，即我們今日常見的捷克木偶劇和口耳相傳的傳說。不僅如此，捷克人將文化特徵封存在歷史遺跡中，他們在開闢新道路時，若前方有先前建設的建築，他們不會拆掉它，而是繞過它，就這樣，布拉格成了一座道路蜿蜒的博物館，典藏各世紀留下的文化遺產，這也成為民族的特徵之一。幽默詼諧的捷克人時常拿一段歷史自娛：有人說，二戰時期的俄軍原本要攻占布拉格，卻因為路太狹窄、蜿蜒、崎嶇，加上冬天白雪覆蓋，坦克車根本進不去，最後只好放棄了。也有人說，捷克人為了讓布拉格不要受戰火摧毀，因此向俄軍求情，讓他們經過布拉格攻打德國，而俄軍也答應了，布拉格才得以保存的完好無缺。

去花園採花

我們要去的「私房景點」叫Zahradnictví Chládek，同樣的，因為太難念了，所以我們都稱它為私房景點或花園餐廳。從家裡開車過去的道路不像是城中心那樣鵝卵石或磚塊鋪成的「馬路」，而是平滑的柏油路，且因景點在山坡上，我們爬坡時經過了一段布滿爭奇鬥豔的花卉的分隔島。我打開車窗，把頭輕靠在車窗邊讓微風輕拂過臉龐，實在舒服。花園餐廳除了用餐外，周邊還放置各式各樣的花藝商品供客人選購，像是盆栽、種子、肥料還有庭院擺放的裝飾品等。

INFO

Zahradnictví Chládek
- 搭乘電車 1、2、56 號至 Baterie 站，步行約 7 分鐘
- 搭乘電車 1、2、6、7、8、11、13、18、20、22、25、26、51、56、57 號至 Bořslavka 站，步行約 15 到 20 分鐘
- 搭乘地鐵 A 線至 Bořslavka 站，步行約 15 到 20 分鐘
- 搭乘地鐵 A 線至 Petřiny 站，轉乘電車 1、2、56 號至 Baterie 站，步行約 7 分鐘

祕密花園戶外區，餐桌上的小盆栽，可見背景綠油油的一片印襯著紅瓦屋頂。

祕密花園的悠哉午後

餐廳分為室內和室外兩區，室內又有分上下樓，採光非常好，且空間十分寬闊。室外為長形的陽臺，每張桌子的中間都有一把大陽傘，可隨時撐起。花藝餐廳的餐點和飲品價位都平易近人，不過那兒的櫃檯點餐人員都不太會說英文，幸好茶的捷克文跟中文很像，就叫做 čaj，發音為「chaai」。若要點餐，熟食有附圖片，甜點的話可直接到櫃檯點選。 我和媽媽兩人坐在陽臺上，享用茶、咖啡和蛋糕，而陽臺外那片綠油油的小丘和如花朵般的紅瓦屋子就像是一幅畫，襯托出我和媽媽的悠哉午後，我們一人帶一本書，在溫暖的陽光下品嘗書本中字字句句的酸甜苦辣。

7/25（五） 雙「城」巡禮

城堡區 Hradčany 與小城區 Malá Strana 一日遊

我和媽媽今天前往城堡區（Hradčany），也就是聖維特主教座堂和布拉格城堡所在之處，再從那兒步行到小城區（Malá Strana）。

苦艾酒的誘惑

從巍峨的城堡區到伏爾塔瓦河畔旁的小城區，沿途下坡，經過了好幾間木偶店。其中一間木偶店旁的一間小店面外，寫著大大的 Absinthe Ice Cream。充滿好奇心的我當然被吸引過去，一探究竟：艾碧斯這麼烈的酒做成冰淇淋會是什麼樣的口感呢？我滿懷期待的看著淡淡的綠色一圈

我手裡拿著艾碧斯冰淇淋。

又一圈的填滿甜筒，將冰淇淋接手過來時，我感受到一陣沁涼。艾碧斯冰淇淋的味道非常奇特，沒什麼酒精味道，反倒是特殊的八角茴香味讓人口齒留香。店裡除了販售冰淇淋外，還陳列各式各樣的艾碧斯，有藍色、紅色、綠色、藍綠色、蜂蜜色等。艾碧斯又稱苦艾酒，是捷克特產之一，尤其是綠精靈苦艾酒。其實苦艾酒在歐洲許多國家都非常受歡迎，以捷克為最。捷克人冬天還會喝溫熱的苦艾酒，好讓身體保暖呢！

留連畫廊

　　我一邊享受被艾碧斯冰淇淋冰鎮的滋味，一邊跟媽媽往小城區散步。不知不覺，在一個蜿蜒的巷道中，一間小巧的畫廊正散發異彩，把我們呼喚過去。這間小畫廊的採光很好，且免費入場，牆上的油畫作品排列整齊，由捷克現代畫家繪製，主題十分生活化。雖然捷克已脫離共產專制超過二十年，但這些作品依然殘留那段疾苦日子的陰影。我形容布拉格的美為一種抑鬱的美，而這樣的氛圍具體地呈現在這些色彩及筆觸之間。外頭豔陽高照，畫廊裡卻帶有一絲惆悵。捷克人總說，共產記憶雖殘酷，但人民，尤其是年輕人，一定要切記這段歷史。他們必須以這段歷史為借鏡，隨時提醒自己感激現在所擁有的，且不要重蹈覆轍。的確，我們可以持續謾罵過去錯誤的決策，或沈淪在負面情緒與指責當中，或者可以像捷克人一樣，跳脫情緒的圈套，以過去的錯誤檢討、激勵自己，使自己逐日進步。對於記憶，有不同的面對方式，選擇以何種方式面對則見仁見智。

上｜販賣艾碧斯冰淇淋和苦艾酒店面的招牌。
下左｜擺滿艾碧斯冰淇淋和苦艾酒的店面櫥窗。
下右｜畫廊入口處及畫展海報。

登高自卑

就這樣隨性遊走，不知不覺走到了小城區，再次拜訪聖尼古拉教堂。不過這次我們不是到聖堂裡面，而是沿著外側鐘樓的旋轉樓梯爬到高處。鐘樓有65公尺高，換算成樓層的話大約15層以上，總共快要300階階梯，爬到一半時早就已經氣喘如牛了。累歸累，一旦爬到頂端走到陽臺，一切的汗水都值得了！俯瞰小城區和布拉格市區，近看

小城區蜿蜒的道路，在矮房中鶴立雞群的建築為聖嬰教堂。

那鮮豔的紅瓦屋頂沿著蜿蜒的街道整齊地排列在山坡地形上，沿著道路還能看見聖嬰教堂。遠瞻則能看到查理橋以及伏爾塔瓦河對岸的布拉格國家劇院和提恩教堂，甚至還能看見電視塔。好不容易千辛萬苦才爬到這兒，當然要沿著鐘樓慢慢地繞上兩三圈，用雙眼和快門捕捉足夠的畫面才不虛此行呢！

上｜往伏爾塔瓦河對岸望去，圖片左邊哥德式雙峰教堂為舊城廣場的提恩教堂，再往右邊看一點的高塔為布拉格電視塔。

下｜近看道路連接到小城橋塔和查理橋。

行監坐守的鐘樓

　　布拉格這座城市的歷史中，有許多警報塔，當城市某處發生火災時，站在塔上的警報人員為發出警訊告誡人民，都會敲響頂樓的鐘，除了敲鐘外，警報人員白天時還會揮舞紅旗，晚上則搖擺燈座。聖尼古拉教堂的這座鐘樓是布拉格的最後一座警報塔，於十九世紀後期失去此功能。共產時期，鐘樓又有了新的作用，為共產政府的祕密警察用來觀測人民。

轉呀轉，轉下樓

　　從鐘樓往下走其實沒有想像中的輕鬆，因為速度較快地繞著旋轉樓梯反而容易頭暈，幸好每走幾階樓梯便有一間小閣樓，可以從裡頭的小窗戶看出去，就像看到一幅又一幅畫作。走到地面後，赫然覺得平穩許多，雙腳能夠踏實的踩在地面上的感覺真好，而從鐘樓最高處望出去的美景清晰的刻畫在我的腦海裡。

上｜鐘樓裡的銅鐘。
下｜從樓梯間仰望銅鐘。

82

從鐘樓樓梯間的小閣樓望出去小城區街道一景，窗戶好似畫框呢！

從鐘樓樓梯間的小閣樓望出去小城區街道景色。

小城區的傳說

從前從前，有一位年輕貌美的貴族女性，住在小城區一棟公寓裡，裝潢布置的富麗堂皇。她先生非常有錢，但女公爵心另有所屬，愛的並不是她先生。公爵時常不在家，讓女公爵有很多時間跟她的愛人相處，甚至還把他帶回家。

在一個寒風刺骨，又下著暴風雪的的夜裡，女公爵像平常一樣，把她的愛人帶回家，但這次，出乎意料的，她先生提前回來了。

女公爵讓她的愛人從窗外跳出去逃走，但驚慌失措的她沒時間穿衣服。她先生一進門，見她赤裸裸的矗立在那兒。或許是出於慚愧，又或許是對她先生的反感，女公爵拿起一把刀，把他捅死，鮮血濺滿女公爵的一身。

女公爵過了一會兒，才意識到自己的惡行。她開始發抖，歇斯底里的大叫。她害怕極了，因此從窗外跳出，沿著道路，挨家挨戶的敲門，但夜已深，沒人回應。女公爵不放棄的繼續一邊敲打，一邊尖叫，但依然沒人應門。女公爵的身體被嚴寒刺透，漸漸的，她開始失去意識，不久後，她動也不動的躺在那鵝卵石上。從此以後，女公爵的鬼魂就在小城區的街道上飄蕩，向人訴說她的遭遇。

The End ~

INFO

小城區（Malá Strana ／ Lesser Town）
- 搭乘地鐵 A 線至 Malostranská 站，步行約 10 分鐘
- 搭乘電車 1、5、7、11、12、15、20、22、25、57 號至 Malostranské náměstí 站，步行約 2 分鐘

情迷舊城廣場 Staroměstské náměstí

傍晚的舊城廣場（Staroměstské náměstí）實在浪漫，觀光客沿著提恩教堂對面的攤販一邊享受美食，一邊徜徉在爵士老爺爺吹的薩克斯風音符中，一邊沈醉在這精緻小巧的美景中。

舊城廣場一景：圖片左方的哥德式雙塔建築為提恩教堂，右方的城塔為舊城市政廳。

舊城廣場是我在布拉格最喜歡的一隅，它將過去與現在的美融合在一塊兒，雖有著現代的時尚感，卻依然不失中世紀的典雅。舊城廣場的建築有多種風格，其中我最欣賞的就是提恩教堂，它無論是白雪覆蓋，無論是晴是雨，都非常迷人，讓我想將這神奇的畫工刻在我腦海裡。

上｜舊城廣場吹薩克斯風
的老爺爺。
下｜圍繞在爵士老爺爺身
邊的一群小孩，被逗的咯
咯笑。

咬文嚼字

　　舊城廣場的四面被咖啡廳、餐廳、畫廊及各式各樣的商店包圍，這兒的地標是提恩教堂和天文鐘。廣場中間有一個銅盤，上面用拉丁文和捷克文分別寫了下面這段文字：「meridianus quo olim tempus Pragense dirigebatur」和「Poledník podle něhož byl v minulosti řízen Pražský čas」，意思是「當時依據此經線設立的布拉格標準時間」，這條金色的線一路向天文鐘的方向延伸。廣場中間有一座龐大的青銅像，是捷克宗教領袖胡斯的雕像。胡斯對捷克民族性和民族精神的影響非常深厚，除了宗教深入影響到文化層面外，據說現在所見的捷克文字，也就是上頭有符號的一些字母是胡斯「發起」的，像是 ě、š、č、ř、ž、ý、á、í、é、ů、ú、

ó 等，可說是為了讓這個語言的拼字變得簡單而量身打造的文字。sh 的音就直接用 š 來表示，ch 的音就直接用 č 來表示，還有一些發音像是 ě、ř 和 ž，是捷克文才有的發音，需要高超的技巧才念得出來呢！

TIPS

雖然捷克文和斯洛伐克文同屬斯拉夫語系，文法結構幾乎是一樣，兩國人民溝通完全無礙，但拼音和腔調還是有些不同。在歐洲，語言不僅是溝通工具，更代表一個民族。其實在 1918 年以前，捷克斯洛伐克尚未獨立，還屬奧匈帝國統治的時候，他們的官方語言為德文，捷克文和斯洛伐克文那時皆是方言。

左｜舊城廣場中間地面上的銅盤與拉丁文和捷克文文字特寫。
右｜銅盤和金線。

好偉大的胡斯

　　我和媽媽觀察發現，捷克人的嘴唇幾乎都比其他民族來的薄，不知是否是為了能夠輕鬆的講捷文，嘴巴必須動的很迅速所以才需要細薄的呢？再談胡斯的影響。胡斯本身和胡斯教派皆象徵濃厚的捷克民族意識，捷克人民也因胡斯精神，戰勝共產政權，因胡斯精神即「真理」和「勝利」。特別的是，查理大學的神學院有三個，除了常見的羅馬公教（天主教）神學院和基督新教神學院外，另一所就是胡斯教派神學院。

廣場示威

　　我聽到遠處傳來喧囂聲，從胡斯像的對邊傳來的，我跟著聲音走，看到了一群人在抗議，不過他們用的是捷克文，我聽不懂，但肯定是與烏克蘭和民主有關。烏克蘭在政治上的緊張局勢席捲歐洲，對中東歐的影響更大。想必，位於中歐、前身為共產國家的捷克，在歷經幾十年的專制政權後，更是保護他們好不容易爭取到的民主，不會有人希望蘇俄的熊熊烈火會再次蔓延到捷克。這場景讓我想起在捷克共產時期的紀錄片中所看到的抗議片段，捷克斯洛伐克人民湧上街頭，為了捍衛和爭取那麼一丁點兒的自由和人權。

INFO

舊城區（Staré Město ／ Old Town）
- 搭乘地鐵 A 線站至 Staroměstská 站，步行約 6 分鐘
- 搭乘電車 2、12、15、17、18、20、22、53、57 號至 Staroměstská 站，步行約 6 分鐘

上 │ 廣場中央的青銅色雕像為胡斯
英姿。
下 │ 民眾聚集在胡斯像前示威抗
議。

舊城廣場的傳說

將布拉格的旅遊地圖攤開，彷彿在看一張藏寶圖，每走到一棟建築物或一個觀光景點就會有星辰灑落，彷彿藏有寶藏，而這些寶藏就是永恆不朽的傳說和精彩的歷史故事。

很久很久以前，在布拉格舊城廣場的提恩教區，住著一位非常有錢的貴族女士。但她的心卻隨著累積越多的財富而更加冷漠，對僕人非常惡霸。她的隨從因無法和她相處，所待的時間都很短暫。有一天，這位壞心腸的女士找到了一名心地非常善良的農村女孩來當她的僕人。女孩兒是個十分虔誠的天主教徒，每天當提恩教堂的鐘聲響起時，她都會懇切的祈禱。

有天傍晚，女孩幫貴族女士裝水裝到一半時，鐘聲響起了，女孩一如往常的停下手邊的工作，起身去祈禱。不料，這個舉動卻激怒了貴族女士，她一怒之下緊勒女孩的脖子，直到女孩停止呼吸才肯罷休。當女孩的身體動也不動的滑到地上時，貴族女士才意識到自己所做的惡行。

雖然女士被帶上法院，但因為她請了一位狡猾的律師，馬上就被假釋了。不過，女士開始感到良心不安，且每當提恩教堂的鐘開始響的時候，她殺害女孩的畫面就會清晰的呈現在她眼前，自此，她日漸憔悴，直到有一天再也無法承受所看到的自我影像時，就進入了修女院，希望能夠彌補她的罪過。

在女士與世俗道別前，捐贈了一個銅鐘給提恩教堂以紀念善良的女孩，來提醒虔誠的人們祈禱的時間到了。

The End ~

可愛的喬凡尼

　　我走到廣場外圍的巷子裡一間小巧卻非常有名的木偶劇場，國家木偶劇院。今晚上演的是著名的音樂劇《唐·喬凡尼》。布拉格之所以如此推廣這部音樂劇是因為它是莫札特於 1787 年來到布拉格的時候，特別為這兒的人們創作的音樂劇。到了現在，許多劇場仍然熱烈主打《唐·喬凡尼》，主要以舞臺劇和木偶劇的表演形式演出。

INFO

國家木偶劇院（Národní Divadlo Marionet ／ National Marionette Theatre）

● 搭乘地鐵 A 線站至 Staroměstská 站，步行約 2 分鐘
● 搭乘電車 2、17、18、25、53 號至 Staroměstská 站，步行約 3 分鐘

上左｜國家木偶劇院門口，坐在門上的小木偶十分可愛！
上右｜木偶角色圖表，每個木偶角色都來自不同國家。
下｜UNIMA（國際木偶協會）的銅牌。UNIMA 附屬在 UNESCO（聯合國教科文組織）下，致力於文化外交的單位。它是全世界最早成立的戲劇協會，雖然 UNIMA 全名是法文，但它其實在 1929 年誕生於布拉格，提供平臺讓凡是對木偶戲劇有興趣的人相互交流。

提恩教堂 Týnský chrám

我穿越小巷及十字路口，遊走在充滿情調的巷弄間，回到舊城廣場。這是一個生氣勃勃的地方，將近晚上十點，來自各國的觀光客依舊群聚於此，等待天文鐘響起。縱使夜晚到來，提恩教堂依然不失風采，潔白的燈光打上去，教堂的雙塔顯得更加高聳。

炙手可熱的提恩教堂

提恩教堂在過去幾世紀見證了波希米亞的衰落與興起。舊城廣場一直都是來自四面八方的商人聚集之處，他們住在這兒，也在這兒貿易往來。中世紀時，舊城區被一群有權有勢的貴族控制，因此提恩教堂有時被稱為貴族的主教座堂。

十四世紀時，提恩教堂變成胡斯改革派的神職人員聚集的地點，再下一個世紀，這座教堂成為了胡斯教派的聚會所。這段期間，羅馬天主教的十字架被拿了下來，換上一個巨大的金色杯爵，也就是胡斯教派的符號。後來捷克歷史上唯一的一位胡斯國王，也就是「波傑布拉德的伊日」的雕像被立在金色杯爵的旁邊。後來在天主教會的反宗教改革時，他們把胡斯國王的雕像拿走，將金色杯爵融化，放上了聖母瑪利亞的聖像。

這兒無論白天還是晚上都散發出迷人的風采，令人百遊不厭。

INFO
提恩教堂（Týnský chrám ／ Týn Church）
- 搭乘地鐵 A 線站至 Staroměstská 站，步行約 10 分鐘
- 搭乘電車 2、12、15、17、18、20、22、53、57 號至 Staroměstská 站，步行約 10 分鐘

白天到提恩教堂裡頭時，光線從窗戶灑進教堂聖壇處。

左 │ 從木偶劇場出來，舊城廣場邊停靠著馬車。
右 │ 晚上的提恩教堂，別有一番風味。

鬼斧神工的天文鐘 Staroměstský orloj

時針指到十，天文鐘響起，群眾聚集到天文鐘前不斷地按快門。這次我沒有拿出手機，而是專心的望著天文鐘，讚嘆那巧奪天工的藝術品。

舉世無雙的天文鐘是來到布拉格必看景點之一，它不但標有年、月、日，也能夠明確的指出日出、日落、月亮盈虧和星座。

鐘盤上有會移動的小雕像，讓天文鐘看起來更不可思議。有個會移動的骷髏、一個每小時搖一下頭的淘氣鬼、一個不斷照鏡子的自負男子，還有一個不斷搖晃錢袋的吝嗇鬼。天文鐘上有兩扇小窗戶，每小時都會打開來，窗戶中間有個天使，當窗戶打開時，耶穌的十二個門徒會紛紛出來對著舊城廣場敬禮，最後以出來降幅的耶穌為壓軸，小遊行結束後窗戶就關上，待下一個小時才會再打開。

天文鐘特寫。

白天從舊城廣場一隅觀看舊城市政廳，也就是鑲著天文鐘的建築。

天文鐘的傳說

　　在這傳說滿載的城市，當然也少不了天文鐘的故事。設計及製作天文鐘的鐘錶匠叫 Mikuláš of Kadaň，他在十五世紀初期時建造天文鐘，剛完工時，天文鐘還相當的樸素。不久後，另一位名叫 Hanuš 的大師在天文鐘上加工，且定時維修、保養這獨一無二的作品，這位大師就這樣保養了天文鐘三十年。

　　天文鐘是布拉格的驕傲，當時來自歐洲各地的人都會到舊城廣場，就只為了欣賞這炫目的天文鐘。布拉格的議員聽到傳言說，有人將以高價向大師請教天文鐘的設計，再到其他地方另建一個天文鐘，搶走布拉格的風采。儘管大師發誓，就算有人賄賂他，也不會出賣他的城市，但議員並不相信。有一天晚上，兩位蒙面的人溜進大師的屋子裡，把這可憐的老人刺瞎以確保天文鐘的唯一價值。

　　可憐的大師被刺瞎後，生了一場大病。他釐清事情的真相後，開始盤算復仇計劃。大師請人們把他帶到天文鐘前，他緩緩伸出顫抖的雙手，輕輕用手指掃過他所摯愛的天文鐘後，毅然決然的拉下了手把，天文鐘就漸漸的慢了下來，停止運作了。隨後，大師離世了，也將天文鐘的祕密的一同帶走。天文鐘就這樣靜靜的站在舊城廣場很多年，人們說要等到城市忘卻議員殘忍的行為後，天文鐘才會繼續轉動。

The End ~

INFO

天文鐘（Staroměstský orloj ／ Astronomical Clock）

● 搭乘地鐵 A 線站至 Staroměstská 站，步行約 10 分鐘
● 搭乘電車 2、12、15、17、18、20、22、53、57 號至 Staroměstská 站，步行約 10 分鐘

去競技場逛街

難以下嚥

悠悠哉哉的飄蕩在古典音樂的旋律中，享受了豐盛的早餐，隨後我們開車到離家裡約 30 分鐘的越南市場買接下來一個禮拜要吃的葉菜。載著採購的食糧，再往市場附近的 Fashion Arena Outlet 吃午餐、閒逛。在國外住一陣子後總是會想吃點中國菜，但捷克的中國餐廳做出的料理有許多都難以吞嚥。烏漆麻黑又油膩膩的一坨麵，參雜著肉絲和胡蘿蔔片，不如自己泡碗維力炸醬麵還讓人解饞。

推薦家鄉味

不過，目前在捷克吃過還不錯的中國餐廳有兩家，一家在舊城區附近，叫做亞洲明珠（Perly Asie），另一家為長安（Chang An），在電車 Sparta 站附近，交通較沒那麼方便。亞洲明珠因為時常接待觀光客，菜色比較多樣且擺盤也比較講究，長安則偏向家常菜，雖然裝潢和擺盤沒亞洲明珠來的搶眼，但味道絕對不差。捷克人吃東西的口味是有名的鹹，而且是非常鹹，因此就連中國料理也得符合當地人的口味，比我們習慣的味道鹹上好多倍。無比鹹的餐點是捷克、斯洛伐克和匈牙利等國家的特色，也是他們自古以來的飲食習慣，因為他們相信鹽巴可以補充體力。捷克中國餐廳的老闆都是中國大陸移民過來的，語言上能夠跟他們溝通，因此可以跟他們要求鹽別

加那麼多。這些移民到捷克開餐廳的中國人實在不簡單，他們幾乎十幾二十年前就遠渡來到這塊陌生的土地，語言不通的情形下就這樣把這困難的捷克語言學會了，為了下一代，為了一個不一樣的未來，也為了生存。

INFO

亞洲明珠（Perly Asie）
● 搭乘地鐵 A 線至 Staroměstská 站，步行約 5 分鐘
● 搭乘電車 17、53 號至 Právnická fakulta 站，步行約 3 分鐘

長安（Chang An）
● 搭乘電車 1、8、12、25、26、51、56 號至 Korunovační 站，步行約 3 分鐘

血拼競技場

Fashion Arena Outlet 之所以叫「arena」，即競技場，是因為它的外觀就像競技場一樣為圓形的建築。Outlet 的中間是停車場，商店則是沿著建築物的圓周排列，有幾段走道的兩側都有店家，有幾段則是直接通往停車場。這邊無論是 Mango、Tommy Hilfiger、Timberland、Calvin Klein 還是 Guess 等，價位都非常便宜，這兒的 Lindt 巧克力還有水晶專賣店商品的價格，也都讓人眼睛發亮呢！捷克的名產除了苦艾酒、蜂蜜之外，絕對不能錯過的就是波希米亞水晶了。好幾世紀以來，捷克境內的波希米亞和西里西亞都以產水晶出名，因此至今許多觀光客來到捷克都不忘帶點水晶做為到此一遊的紀念品。

INFO

Fashion Arena Outlet
● 搭乘地鐵 A 線站至 Depo Hostivař 站轉乘公車 163、263、266、366 號至 Průmsylová 站，再步行約 12 分鐘
● 搭乘電車 5、55 號至 Ústřední dílny DP 站，步行約 15 分鐘

舞動的大樓

回家路上，我們開車經過伏爾塔瓦河岸旁的跳舞大樓（Tančící Dům）。這棟風格非常現代的建築被充滿歷史韻味的房屋環繞，更顯特別，它凹凸的曲線好像房子真的在跳舞！跳舞大樓的頂樓是一間餐廳，名叫 Ginger and Fred Restaurant，在此用餐，可同時欣賞伏爾塔瓦河對岸的聖維特大教堂和查理橋美景！

INFO

Ginger and Fred Restaurant（位於跳舞大樓／ Tančící Dům ／ Dancing house）
● 搭乘地鐵 B 線至 Karlovo náměstí 站，步行約 5 分鐘
● 搭乘電車 2、3、5、7、10、11、12、16、17、18、20、21、25、52、54 號至 Palackého náměstí (nábřeží) 站，步行約 5 分鐘

布拉格出名的現代建築，跳舞大樓。

醉飲爵士樂

　　前陣子偶然看到爵士樂團演出的宣傳海報，熱愛爵士樂的我當然前來朝聖。晚上我們去欣賞一場暑期巡迴的爵士樂團演出，他們沒有高出的舞臺，而是在距離觀眾約兩公尺處搭了一個簡易的棚子，用曼妙的爵士音符把我們灌醉。棚子前面擺著好幾排椅子，一旁有幾張木製桌子和長凳，觀眾就坐在長凳上陶醉。放眼望去，男女老少坐滿整個中庭，一旁吧檯的幾位服務生從容的回應不斷湧上點啤酒、飲料和簡餐的客人。這兒幾乎每人人手一瓶啤酒，有些中年人還手拿啤酒站著隨之起舞。

上 ｜ 表演剛開始時，天色還是亮的。
下 ｜ 我們坐在舞臺的側邊欣賞爵士樂。

爵士樂團的男主唱開始表演。

吞雲吐霧飲金波

　　捷克人愛喝啤酒，這兒餐廳必點就是 Goulash 配啤酒。這個國家也以啤酒出名，尤其是皮爾森（Plzeň）產的啤酒最有名，捷克人也愛抽菸，他們沒有特別設置禁菸區，因此咖啡廳和餐廳因著他們的吞雲吐霧，而時常煙霧瀰漫。突然想起去年冬天，白雪覆蓋，那時我跟媽媽從家裡走去搭電車，有一段路是蠻斜的下坡，只見眼前一位佝僂的老奶奶在我們前方，她走路非常的慢，一隻手撐在拐杖上，另一隻手一邊發抖，一邊拿著菸往嘴裡送，看這嗜菸如癡者實在是甘拜下風。腦中才想到這個老奶奶，同時瞥見隔壁桌一位看上去有八十多歲的老爺爺，他一手拿著啤酒、一手叼根菸輕鬆的舞動著，全場就他一個跳的最投入，可說是今晚的舞王呢！

INFO

Hotel Avion

- 搭乘地鐵 A 線至 Veleslavín 站，步行約 7 分鐘
- 搭乘電車 1、2、8、18、20、22、25、26、91、96、97 號至 Červený Vrch 站，步行約 5 分鐘

Hotel Avion 餐廳的 Goulash。

7/27（日）好山好水好風景

傳說中的吉普賽人

睜開眼睛，昨晚的爵士旋律還在腦海中迴盪，我滑開手機看看時間，便緩慢的爬下床，去浴室梳洗。待我們三人都準備好後，就出門坐電車往城中心的反方向，去一間視野遼闊的麥當勞吃早餐。從家裡走到電車站，要到坡度頗斜的下坡路段前搭車，沿路會經過一段兩側為電梯式的公寓、有停車格和大型社區所設置的垃圾桶道路。經常會看見吉普賽人在垃圾桶裡翻東西吃，所以我們有時會把一些食物包好，放在垃圾桶的蓋子上，讓經過的吉普賽人有乾淨的食物可以填飽肚子。說到吉普賽人，就想到前幾天發生的一件事。

緊急聯絡

幾天前，爸爸輪值到拿公務手機，那隻手機是供國人在捷克旅遊遇到狀況時，可撥打緊急電話聯絡代表處的人請求協助。那天中午爸爸接到一位到捷克走背包客行程的臺灣遊客電話，他從柏林買了一台腳踏車，沿著單車步道一路騎到布拉格，打算繼續騎到土耳其再把單車賣掉，從那兒坐飛機回臺灣。不料，他晚上搭帳篷休息時，整個包包被吉普賽人偷走了，還好他的手機沒放在包包裡，能用僅存的一點電量撥打緊急聯絡電話請求協助。那天中午爸爸請他吃頓中餐後，帶他回到辦公室協助處理護照事宜並借他手機充電器，確保後續都沒問題後，他就繼續之後的行程了。

湖邊圓舞曲

　　到了麥當勞，我們坐在一大片的落地窗戶旁，從這兒望出去是一片綠油油的山坡，三五成群的小朋友在草地上相互追逐、奔跑。悠閒的吃完早餐後，我們到山坡散步，站在高處還能清楚的看見湛藍的 Džbán 湖，我們沿著湖繞一圈，再慢慢走回家，美景配上歡愉的心情，感覺平凡的腳步成了舞步。繞湖一圈大約 30 分鐘，這半小時對我來說，是多麼的珍貴啊！爸爸和媽媽來捷克前，我們三人吃完晚餐後，時常會到國父紀念館散步，天氣好時還有月光伴隨。因此，爸媽出國後，能夠和他們散步聊天成了

一種思念和期盼。要能夠再三個人一起到國父紀念館散步，可要再等個兩年，待爸爸退休回國了呢！與三五好友相約小聚，與跟爸媽一起出遊不可相比擬。大學畢業，在外上班後，能和他們好好坐下來吃頓飯的時間都難得可貴，更何況是在捷克這美不勝收的仙境生活呢？

INFO

Džbán 湖

● 搭乘地鐵 A 線至 Nádraží Veleslavín 站，步行約 10 分鐘
● 搭乘電車 1、ㄉ 2、6、7、8、11、13、18、20、22、25、26、51、56、57 號至 Nad Džbánem 站，步行約 5 到 10 分鐘

到劇院吃披薩

　　晚餐時分，我們用爸爸最愛吃的披薩為這愜意的一天道晚安。晚上搭車來到城邦劇院旁邊的 Pizza Coloseum 用餐。Pizza Coloseum 是連鎖的披薩餐廳，餐點都非常好吃，酥脆嫩薄的餅皮配上色彩繽紛

的新鮮食材，再鋪滿濃濃的起司，咬下去的瞬間馬上感受到脆與柔的雙重口感，實在色味俱佳。餐廳裡播放著輕鬆愉悅的歌曲，窗外來來往往的觀光客看上去各個興趣雀躍。來到布拉格誰能不快樂呢？

7/28 (一)

走訪城堡區

Hradčany

擴建再擴建

今天的行程是深入的參觀城堡區。布拉格城堡最早建於十世紀，自那時候起，每一位新上任的國王在聖維特大教堂參加加冕典禮後，都會在城堡旁蓋一棟新的建築，將城堡範圍向外擴建，每任國王都住在自己建造的城堡裡，因此在城堡區可以看到不同風格的建築，就連現今捷克共和國的總統也住在城堡內上班呢！

聖維特大教堂 Katedrála sv. Víta

城堡區最具代表的建築物，就是聳立在伏爾塔瓦河岸的主教座堂，聖維特大教堂。

聖維特小檔案

四世紀初，基督宗教在羅馬帝國時期尚未被合法，聖維特因遭皇帝戴奧里先迫害而殉道。這位聖人在十世紀時在波希米亞極具聲望，

與布拉格城堡的守衛合影。

他的德行經由瓦茨拉夫的推廣，在歐洲也備受人們尊敬。聖瓦茨拉夫為紀念聖維特，於十世紀時在布拉格城堡那兒建了一座圓頂教堂紀念他。之後，人們以圓頂教堂為根基擴建教堂，花了六個世紀才有我們現在見到的這壯觀的大教堂。

這雄偉的教堂一直都是布拉格的地標，高度約 100 公尺，且它還裝有波希米亞最大的銅鐘，叫做 Zikmund。這座巨大的銅鐘是在十六世紀時掛上去的，但這又大又重的銅鐘是怎麼搬到 90 幾公尺上的屋頂呢？

近看聖維特大教堂。

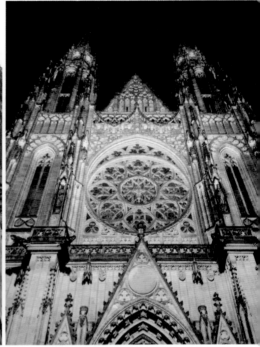

左 │ 站在聖維特大教堂正門處往上看。
右 │ 夜晚的聖維特大教堂正門處，燈光打上去讓教堂顯得更加雄偉。

Zickmund 的傳說

　　傳說中，Zikmund 是由十六匹馬從大老遠帶到布拉格城堡的，不過要讓十八頓的銅鐘掛在那麼高的教堂上面幾乎是不可能做到的事，每次只要銅鐘接近屋頂，拉上的粗繩就會斷掉。國王每次看到銅鐘在臨門一腳時刻又掉下來，實在失望到了極點，而且這也有損他皇家的尊嚴。屢次失敗之後，國王聰慧的女兒要求國王給她幾天的時間想出方法。一開始國王還猶豫不決，他心想，工人都無法勝任的工程，公主怎麼可能完成？但在公主的堅持下，國王就依著公主的方式試試看。

　　第二天，公主聚集了傭人到她的房間，把頭髮全部剪下，編成一條長長的辮子後，將最好的工人和鐵匠號召到城堡。再次要把銅鐘掛上教堂的日子到了，國王和所有的人民聚集在教堂的下面，期望公主能夠完成不可能的任務。銅鐘漸漸向上升，當它離教堂尖塔高處越來越近時，國王緊張的閉起雙眼，深怕見到銅鐘會再次掉下。全場頓時鴉雀無聲，所有人都屏息以待，靜止在那兒。突然，一陣歡呼聲響徹雲霄，國王聽見群眾的喧叫才睜開雙眼，看見銅鐘在教堂高處前後擺動，洪鐘作響，慶祝這番成就，人們歡欣鼓舞，至今 Zikmund 的鐘聲依然響亮動人。

The End~

神聖的氛圍

　　今天晴空萬里，大街小巷，甚至屋內都躲不過陽光的熱情。就連聖維特大教堂裡也是，遍灑各個角落。它穿越繽紛的彩繪玻璃，將聖堂渲染的萬紫千紅，美麗極了！看見這壯麗的圖像，我想起之前一位法國神父講的一小段比喻。他說：聖人就像是教堂裡的彩繪玻璃，而

天主就是那道穿透玻璃的光，透過那一片片不同顏色的玻璃舞出千變萬化的色彩，卻又在照進聖堂時交融成一束和諧光，這道光就是天主的愛與仁慈，照亮我們每個人的心，讓我們在基督內合而為一。我們在每一位聖人及聖女中都能看見上主的恩寵，而他們的人生故事不斷地提醒我們要更愛上主、更順服上主的旨意。如同光穿透彩繪玻璃讓我們看見它的美，天主透過聖

人和聖女的各個獨特的德行讓我們了解祂們的好。我遊走在聖維特大教堂內，那一幅又一幅的巨作讓我想起《聖經》的故事，憶起耶穌的一生。

INFO

聖維特大教堂（Katedrála sv. Víta ／ St. Vitus Cathedral）

● 搭乘地鐵 A 線至 Malostranská 站，步行約 15 分鐘
● 搭乘電車 22、91 號至 Pražský hrad 站，步行約 5 分鐘

左｜聖維特大教堂內部，肋拱穹頂是典型的哥德式建築結構。
右上｜聖維特大教堂後方的彩繪玻璃。
右下｜烈陽透過彩繪玻璃照進教堂，將空間渲染成一片粉紅。

112

城堡區的紅寶石

離開聖維特大教堂走往黃金巷的路上，經過了聖喬治廣場，廣場邊矗立著一棟紅色的羅馬式建築「聖喬治教堂」。

這塊紅寶石是布拉格第二古老的教堂，建於十世紀初。一直到十一世紀中期，在聖維特大教堂興建完成之前，普謝米斯利德王朝的王子都長眠於此。在十二世紀上半葉的一場大火後，重建聖喬治教堂的同時，也在教堂後方興建了一對白色尖塔，南塔又稱亞當，北塔為夏娃。北塔較南塔寬一些，南塔則稍微傾斜一公分左右。

INFO

聖喬治教堂（Bazilika sv. Jiří／St. George's Basilica）

● 搭乘地鐵 A 線至 Malostranská 站，步行約 15 分鐘
● 搭乘電車 22、91 號至 Pražský hrad 站，步行約 5 分鐘

教堂內部穹頂的壁畫。

聖喬治廣場一景：照片左側的哥德式建築為聖維特大教堂後方，右邊的紅色建築為聖喬治教堂。

上｜聖喬治教堂特寫。
下｜側拍聖喬治教堂的南塔與北塔。

黃金巷沒黃金 Zlatá ulička

走訪聖喬治教堂後，來到了黃金巷。黃金巷源於十五世紀晚期，國王烏拉斯洛二世當時決定搬離舊城區，回到布拉格城堡，因此開始築起布拉格城堡的北牆。

十六世紀時，皇帝魯道夫二世徹底修建了城堡的牆，並把巷弄的空間讓給城堡的僕人和衛兵居住。十六世紀末期，布拉格城堡前的紅炮兵得到魯道夫二世的允許後，開始在新建好的高牆中間蓋一間一間的小房間。

> ## TIPS
>
> 「紅炮兵」這名字是因他們制服的顏色而來，他們是布拉格城堡的衛兵，責任是保護城堡的城門、高塔還有築壘。這些衛兵沒有固定的薪資，但不用繳稅，且能夠住在城堡裡。十六世紀後期，皇帝魯道夫二世核准他們在巷弄中興建自己的房屋，讓在城堡裡工作的其他人感到嫉妒，自十八世紀後期，在皇帝約瑟二世解散紅炮兵後，這些曾經風靡黃金巷的角色隨之成為歷史。

這些炮兵自己建造小巧的房屋，自行進行買賣，他們一開始相互交易，接下來擴大生意，與城堡裡的其他員工買賣，如守門員、衛兵和鐘鳴者等。不久後，房屋開始租給外界人士，住屋空間開始擴大，人們也開始在房屋外建起火爐，朝巷弄外拓展。使巷子變得十分狹窄，有些房屋與房屋之間的距離不到一公尺寬。

十九世紀後期，政府為了要淨空場地，將原本增設的馬廄和木棚等移除，只剩下沿著北牆的一排小屋。第二次世界大戰後，捷克斯洛伐克的總統辦公室把這些精緻的小房子收為國有，而黃金巷內，整體的裝潢和重整是在共產政府瓦解後（1950年代之後）完成的。

左｜照片左邊矮小的藍色牆面房屋為 22 號房，是卡夫卡曾住過的屋子。它與黃金巷其他房屋不同的是，它是一間小巧的紀念品販售店面。

右｜黃金巷弄間，越往深處，巷道越狹隘。

巷中自有「黃金屋」

黃金巷之所以有名，除了巷內風格獨特的小屋和狹小的巷弄外，另一個最重要的原因是風靡全球的文人卡夫卡曾居住於此。黃金巷的小房子排列整齊，現在所見的是經過整修後所呈現出不同時期風格的擺設。每間小屋都有門牌號碼，隸屬不同屋主，因著每人不同的職業，走訪各個小屋，彷彿在讀篇篇相異的小故事。黃金巷中展示各個時期主流風格的室內樣貌，且都是當代居住此地具代表性的人物，像是約瑟夫‧卡茲達、蒂比斯夫人、瑪格達列娜太太及草藥師等。

> **TIPS**
>
> **蒂比斯夫人之屋**
>
> 第二次世界大戰之前，這棟房屋裡住著一位家喻戶曉的算命師，叫蒂比斯夫人。蒂比斯夫人是個寡婦，真正的名字為瑪提爾達。瑪提爾達特殊的裝扮在大老遠就會引起人們的注意。自從 1914 年起，第一次世界大戰爆發後，瑪提爾達每天守在門前盼望兒子的歸來，但日日落空。她自己那舒適的房間則塞滿奇異的物品，每天都有人請她算命。她聲名大噪，許多人都會從遠處寄信給她，就連南非開普敦也都有人寄信。瑪提爾達時常預言戰爭因第三帝國的戰敗而提早結束，導致她被蓋世太保逮捕，最終折磨至死。

「黃金巷」名稱的由來

其實「黃金巷」最原始的名稱為「金匠街」，是在十六世紀時被命名的，不過在那之前，這條巷子叫做「弓箭巷」。十六世紀後期，布拉格各個城區，像是舊城區及小城區等皆受到嚴格的工會法律制裁。因此金匠便逃離城區，移居到巷弄裡，使這條巷子中的金匠人數蓬勃成長。這條巷子的金匠並不有錢，他們只接收小量的訂貨，像是衣服用的裝飾珠寶、裝飾的鏈子、印章及篆刻等。他們也製作玫瑰經念珠的手鍊，還有玫瑰經腰鍊。金匠使用的材料都非常的昂貴，為確保材料不會掉在地上，他們在一個半圓形的桌上工作，桌下放有一條圍裙，這樣能夠接住往下掉的金屑。金匠也都會養一隻小鳥在籠子裡，因為小鳥具有偵測毒物的自然本能。

黃金巷之所以這麼有名，除了它獨特的樣貌和悠久的歷史外，也因卡夫卡曾花了兩年時間居住在黃金巷 22 號房寫作而聲名大噪。

INFO

黃金巷（Zlatá ulička ／ Golden Lane）

● 搭乘地鐵 A 線至 Malostranská 站，步行約 15 分鐘
● 搭乘電車 22、91 號至 Pražský hrad 站，步行約 5 分鐘

TIPS

約瑟夫・卡茲達之屋

約瑟夫・卡茲達是最具代表性的捷克斯洛伐克和美國電影的專家之一。第二次世界大戰期間，約瑟夫保存了許多原本會被占領軍隊摧毀的捷克電影，許多默劇和紀錄片才沒有被銷毀。約瑟夫為了要保護好他的電影及紀錄片，曾經租過許多隱密的房子，其中一間就是黃金巷的 12 號。這間小屋子也在 1948 年到 1952 年這段期間，提供一個藝術俱樂部做為祕密聚會的場所。1960 年代，約瑟夫在國立電影檔案保管處的鑑定委員會工作，許多照片和底片中，眾多不明的人物和場景都因為他而有了答案。

上｜約瑟夫・卡茲達家裡擺設。
下左｜約瑟夫・卡茲達的房屋門口。
下右｜約瑟夫・卡茲達家中的階梯上，堆滿電影膠卷。

山腰傳來咖啡香

走出黃金巷，可一邊沿著城堡區往舊城廣場方向的下坡走，一邊欣賞布拉格迷人的市容。下坡途中，有一小段路被一面米白色的高牆擋住，走著走著，我們看見高牆上掛著一個銅牌，上面寫著 Coffee in Garden，看上去十分神祕，就只有招牌高掛在上，若想看看咖啡廳長什麼樣就真的得走進去一探究竟了。我們穿過銅牌下的拱門，才發現原來在高牆後竟藏著令人屏息的美景。Coffee in Garden 是一間在山腰上，景色唯美的觀景咖啡廳。咖啡廳有室內和室外兩區，走進室內，眼睛為之一亮，因為從窗戶望出，就像一幅無際的畫作，窗戶儼然是這景致的畫框。我呆滯的坐在窗邊，好像被一叢一叢的綠和一瓦一瓦的紅給蠱惑了，開始幻想這幅畫在不同季節時所呈現的樣貌，直到服務生把蜂蜜蛋糕和薑汁汽水端來，我才被拉回現實。

非吃不可的蜂蜜蛋糕

布拉格的蜂蜜蛋糕（medovník）非常有特色，是來到這兒必吃的傳統點心之一。製作最純的蜂蜜蛋糕是要選用品質優等的麵粉、蛋還有胡桃。當然，最重要是必須嚴選蜂蜜，它不能夠含有色素和任何添加物。這蛋糕不像我們經常見到或嚐到的蜂蜜蛋糕為長條狀且單層次口感；捷克的蜂蜜蛋糕是圓形的，口感類似千層蛋糕，綿密中參雜核桃的酥脆，不同食材的香味在口中逐漸散發開來，每種味道都能在融合之際脫穎而出，非常的和諧。

INFO

Coffee in Garden
- 搭乘地鐵 A 線至 Malostranská 站，步行約 5 分鐘
- 搭乘電車 2、12、15、18、20、22、57、91 號至 Malostranská 站，步行約 5 分鐘

從 Coffee in Garden 窗邊看出去的景色。

Coffee in Garden 的蜂蜜蛋糕和薑汁汽水。

左｜從城堡區向下坡走往小城區路上經過一間可愛的木偶店。
右｜Malostranská 地鐵站口的街頭藝人。

媽媽落跑了

走了一大圈的城堡區，腿有點痠了。回家時我們走社區後方的步道回家，坡度沒有那麼斜，走起來也比較不累，加上傍晚的陽光像是在草皮和步道上溫柔的鋪上一層金黃色的薄紗，走過的人就像被彼得潘裡的小精靈 Tinker Bell 在身上灑了一層金粉一般，隨時可以飛起來。有趣的是，我和媽媽有說有笑地走了幾步路之後，媽媽看見前方有一條像是麻繩的東西在陽光下閃閃發亮，她馬上轉身往回走。我則滿心好奇的往前探看，小心翼翼的接近、蹲下，仔細觀察那隻小生物到底是小蛇還是大蚯蚓。我靜靜得盯著牠，看牠非常緩慢的移動，似乎想回到草地。牠大概跟我的手指頭一樣粗，長度約 25 公分，我蹲在那兒看了有 5 分鐘，直到牠吐出小舌頭我才發現原來牠是一條蛇蜥（無腳蜥蝪）。心裡希望牠不要被踩扁，便跨過牠回家了；而早已逃之夭夭的媽媽在大廳等我，她說她再也不要走後面那條小徑了。

8/18（一）

來捷克當學生

必去必買的 Botanicus

　　11 號到 16 號這段期間我們開車到克羅埃西亞和斯洛維尼亞遊玩，這趟旅程實在非常可貴，難得爸爸休那麼多天的假，心中的喜悅除了能一同出遊，更是替爸爸高興，他辛苦工作幾十年，終於難得請了稍長的假和我們一起度假。昨天中午在家裡吃完自製的奶油果三明治後，下午到幾乎每位臺灣旅客必去的 Botanicus 朝聖。Botanicus 是捷克有名的天然草本保養品店，許多店員都會說中文，且每樣產品的下方都註有繁體中文，想當然，店裡擠滿臺灣觀光客的場景，頓時感覺回到臺灣百貨公司的週年慶呢。Botanicus 產品都非常好用，昨天採購完畢後，就回家為明天的課程做收心操了。

INFO

Botanicus
- 搭乘地鐵 A 線站至 Staroměstská 站，步行約 10 分鐘
- 搭乘電車 2、17、18、25、53 號至 Staroměstská 站，步行約 10 分鐘

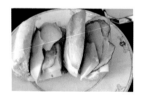

在布拉格常吃的自製奶油果三明治，好吃極了！

去郊區上課

　　六點多爬起來，太陽都還沒完全升起，我隨手抓了一個麵包就出門了。今天是查理大學社會科學院辦的「地緣政治」暑期課程上課的

第一天。查理大學共有 17 個學院，其中有幾個學院都坐落在布拉格市區，像是人文藝術學院和藝術學院。我原本期待能夠在古色古香的大樓裡上課，沒想到社會科學院的政治科學系所是一棟離家裡有點遙遠，位於郊區的現代建築。

捷克書蟲

早上七點多出門，正逢交通尖峰時段，人山人海的湧出湧入各種交通工具。捷克人實在愛看書，無論男女老少，不管是坐電車還是地鐵，大家手裡不是書就是報紙或平板電子書，朝車廂看去，幾乎沒有人在滑手機。而且捷克人不崇尚名牌，他們平均收入較低，又得過生活，自然而然沒法把錢花在奢侈品上。

重溫學生生活

因第一天上課，我有預留時間找路，所以比預期時間早就到學校了，先熟悉環境後，看時間還充裕便坐在草皮上等待上課。我想這個星期的暑期學院將讓我重溫以前跟爸媽住在國外當學生的日子。查理大學地緣政治課程為期一個星期，同學除了六個捷克人外，還有從埃及和喬治亞來的朋友。

麥當勞的小確幸

課程因只有一個星期，所以安排的非常緊湊，到中午我已經餓扁了，但外頭放的是冷盤，像水果、三明治等，在這充滿涼意的天氣裡看到冷冷的食物實在沒胃口，我就搭地鐵到 Anděl 站的麥當勞，吃個熱騰騰的食物。這個禮拜除了每天往返學校外，還會到處遊走，加上我還有將近一個月的時間在布拉格，精算後發現買月票最划算，像這樣的交通計費方式，對於通勤族來說實在太棒了。

8/19 (二) 夜遊布拉格

到維也納開眼界

　　下課後，全班一行人先搭車到 Andĕl 的美食街吃晚餐，再踏上政治系所為我們安排的城市觀光行程。晚間的布拉格與白天同樣熱鬧，正當我們經過一間有大片玻璃櫥窗的店面時，丹尼爾想起了捷克斯洛伐克共產解體不久後的日子：雖然奧地利的地理位置在捷克的南邊，但對於共產專政下生活幾十年的捷克斯洛伐克人民而言，奧地利是高級又先進的「西歐」。共產解體後不久，丹尼爾和他的家人開車到維也納「開開眼界」，到維也納後，丹尼爾和他的母親不禁讚嘆維也納的繁榮，服飾店的落地櫥窗內展示著亮眼奪目的衣物和配件，母子倆覺得他們的穿著顯得相當寒酸。即使到維也納稍稍開了點眼界，回到捷克斯洛伐克後，依然得面對共產解體後對未來的無知與徬徨。「雖然自由了，但接下來會有什麼變動呢？」這是當年共產解體之際，所有中東歐人民的心聲！

到小城區煉金

　　聽著丹尼爾敘述以往，我們一行人不知不覺走到了今晚的特色行程「煉金術博物館」，位於充滿神祕感的小城區，一踏進博物館的庭院就好像走進了時空膠囊，整個空間充滿著另一個時空背景的神祕與魔幻，彷彿回到了中世紀後期與文藝復興初期，神祕主義與

理性科學相互交融的時期。魯道夫二世對煉金術非常著迷，他執政期間可說是煉金術的全盛時期，人們相信煉金師能透過科學和神祕的力量將金屬煉成黃金。我們現在所在之處就是當年著名的煉金師 Sir Edward Kelley 的家和他的實驗室，除了煉金外，他自稱還能夠通靈。Edward Kelley 還有另一個稱呼，叫 Edward Talbot，他出生在十六世紀中期的英國，以推崇文藝復興的神祕主義出名，後來定居布拉格為魯道夫二世煉金。Kelley 在英國時因偽造的罪名被削掉雙耳，這是都鐸王朝常見的處決方式，因此他都用頭髮遮住臉頰，不讓他人看見他失去了雙耳。

煉金術大師

我們隨著身著黑斗蓬的男子爬上六十階的旋轉樓梯前往 Kelley 的實驗室，這座高塔後來被稱為 Kelley Tower，除了因為這兒曾經是 Kelley 研究煉金術的實驗室，也是為了紀念這曾受魯道夫二世愛戴的煉金師。Kelley 在十六世紀後期被魯道夫二世封為爵士，卻在不久後被國王監禁在布拉格郊區之外的 Křivoklát 城堡。有人說是因為 Kelley 在一場決鬥中殺了一名官員，也有人說是因為魯道夫二世為確保 Kelley 不會逃走，真的會煉出黃金。他被釋放後，因煉金失敗再次被囚禁，不過這次 Kelley 被關在更遠的地方，接近德國邊境的 Hněvín 城堡。隨後，在 1597 年和 1598 年之際，Kelley 試圖越獄而受傷，導致全身潰爛，最後因傷口感染而離開人世。

左｜Kelly Tower，通往實驗室的高塔。
右｜實驗室一隅。遠處的白鬍子老人像為 Edward Kelly。

大師震怒

在爬了六十階階梯後,我們氣喘吁吁的走進昏暗的實驗室,裡頭放置了地球儀、水晶球、試管、蒸餾瓶、各式各樣的書本、放大鏡、骷髏、植物盆栽、籠子及天文望遠鏡等儀器,而試管中的液體在微光照射下皆放出不同顏色的亮光。據說,在某個星光燦爛的夜晚,Kelley 正在高塔的窗邊觀星,一陣風吹來將他的頭髮往後吹,露出空洞的雙耳。這時,庭院對邊的一位婦人抬頭對 Kelley 大喊:「師傅!救命啊!我的孩子病了,請你幫幫他!」被人發現沒有耳朵的 Kelley 惱怒之下憤怒地回絕了婦人:「滾吧!你的孩子將有一隻驢子的頭!」婦人十萬火急地趕回家中,驚覺 Kelley 一語成讖,第二天一大早,她急忙地跑到對街教堂祈禱,希望她的孩子能夠被治癒。婦人回到家後,神奇的事發生了,她的孩子已恢復正常了。

仙丹任你挑

參觀完實驗室後,我們回到一樓走進 Wine Bar Kellyxir,吧檯處擺設各式各樣的試管、蒸餾塔、蒸餾瓶等器具,裝有不同顏色的「萬靈藥」,或稱「煉金藥」。小屋內有幾張木頭桌椅,好讓我們歇會兒喝點「萬靈藥」,不同顏色的仙丹背後都有段逗趣的故事,效果還不同呢!

Wine Bar Kellyxir 供應各式各樣的「萬靈藥」。

INFO

錬金術博物館 (Muzeum Alchymistů a Mágů Staré Prahy／The Museum of Alchemists and Magicians of Old Prague)

● 搭乘地鐵 A 線至 Malostranská 站,步行約 15 分鐘
● 搭乘電車 12、15、20、22、57、91 號至 Malostranské náměstí 站,步行約 7 分鐘
註:若搭乘地鐵,可自 A 線 Malostranská 站下車後轉搭電車 12、15、20、22、57、91 號至 Malostranské Náměstí,即可少走點路。

錬金術實驗室酒吧 (Kellyxír Vinárna a Kavárna／Kellyxir Alchemical Lab Pub)

交通方式與到達錬金術博物館一樣。

聽雅娜說故事

這（不）是斯巴達

下課後，捷克同學雅娜邀大家夜遊布拉格，第一站我們來到了 Sparta，它是捷克著名且表現最出色的足球俱樂部，成立超過 120 年了，因他們都在這兒的 Generali Arena 比賽，又是國家代表隊，因此這兒的電車站名就以 Sparta 來命名，增強人們對這塊區域的印象。

沒有史達林的史達林

我們經過球場，朝球場對面的一片綠草地走去，進入萊特納公園（Letenské sady），捷克人稱這兒為史達林，因為共產時期，這兒曾有一座龐大的史達林像，在史達林過世後，一系列的「去史達林」風潮襲捲中東歐國家，佇立在這兒的史達林像因此被銷毀。公園裡有些彎曲的步道，旁邊的綠色草皮已隨著天氣轉涼，不如盛夏時的茂密。我們三個女生跟著雅娜聽她介紹周遭的場景，經過滑板場看見一群年輕人在那兒溜滑板及直排輪，抬

電線上懸掛的帆布鞋。

頭一看，又粗又黑的電線上懸掛著一雙又一雙的帆布鞋，有人說這是毒販交易的暗號，也有人說這是醉漢的傑作，他們為了比賽看誰丟的比較準，就在這兒留下別具一格的作品了。

布拉格的節拍器

往上坡處走，有一個巨大的黑色鐘擺式節拍器穩穩地坐在那兒俯瞰伏爾塔瓦河及對岸景物，這就是原本放置史達林像的位置，它在 1962 年之前都居高臨下，好似史達林真的在這兒監視城市一樣。1991 年，弗羅茨瓦夫設計的節拍器代替了原先史達林像的位置，在這兒為布拉格的人們共同譜出的生活樂章拍打節拍。節拍器從不停歇的運作，意味著每件事情的結束都有個嶄新的開始，而每個開始最終也會畫上句點。我們生活裡有難過、有後悔，也有快樂的時刻，但時間流逝的當下，我們只能跟隨那一秒又一秒的腳步繼續向前。

最昂貴的街道

站在節拍器旁往外看，眼前最亮的那條路就是巴黎大道，是眾所皆知的奢侈品名街，道路的兩側全都是名牌店面。這兒是全布拉格最昂貴的街道，據說這條路上的房價也是高不可攀，走在那兒彷彿置身巴黎街頭。

INFO

萊特納公園（Letenské sady ／ Letná Park）

搭乘電車 1、8、12、25、26、51、56 號至 Sparta 站，步行約 5 分鐘

左｜從伏爾塔瓦河對岸望向史達林，能看見巨大的節拍器在擺動。
右｜從史達林往布拉格舊城區望去，可見燈火通明的巴黎大道。

左 ｜ 時常有街頭藝人在藍儂牆前演唱。
右 ｜ 放眼望去牆面，約翰‧藍儂的圖像特別引人注目。

藍儂牆的故事 Lennonova zed'

我們從史達林往河畔走，左拐右彎的，雅娜帶我們來到了藍儂牆，這面絢麗奪目的塗鴉牆背後，有一段抑鬱的故事……

布拉格最鮮豔的這面牆有故事要說。1980 年代，因受到約翰‧藍儂和披頭四的片段歌詞啟發，人們將這面牆命名為「藍儂牆」。

1988 年，在共產政府的執政下，捷克的年輕人透過塗鴉來抒發他們被壓抑和惱怒的情緒。他們晚上都會聚集在這兒，在牆上噴漆，但他們的塗鴉總在早上被刷洗掉。這群年輕人堅忍不拔的反覆噴漆，最後引起警方與學生間的衝突，而這個事件很諷刺的被稱為「藍儂主義」，與列寧主義有著極大的對比。會冠上藍儂的名稱不是沒有原因的。約翰‧藍儂是披頭四的一員，他們在二十世紀風靡全球，歌曲深深的影響整個世代，而他們的歌曲，無論曲風還是歌詞都是當時捷克年輕人的情緒寄託。因此，在五彩繽紛的塗鴉之上，有一個巨大的藍儂塗鴉，它是歷史的記憶，也是歷史的記號。這面牆歷經了風風雨雨，人們也不斷地在牆上增添豐富的色彩，如今它所代表的是愛與和平，遊客來到此都會把自己的願望寫在牆上，當作一面許願牆。

INFO

藍儂牆（Lennonova zed' ／ Lennon Wall）
- 搭乘地鐵 A 線至 Malostranská 站，步行約 10 鐘至小城橋塔（小城區側）
- 搭乘電車 1、10、12、15、20、22、23、97 號至 Malostranské náměstí 站，步行約 5 分鐘

回頭的浪女

雅娜又帶我們到一處我從未揭開的城市布幕後方。這是我在布拉格的第二個月，這城市還是一樣不斷地帶來驚喜，而今晚我又喚醒了一處沈睡在薄紗後的美景了。我們一行人站在伏爾塔瓦河畔的沙地上，聽雅娜說起一段故事。

「那年是 1980 年代後期」雅娜低聲的談起這段過去，「我母親成功的逃離布拉格，當年布拉格共產黨執政實在無法想像。政府奪去了人民的自由，這國家像個監獄。每個人都盼望能夠遠離這兒，只要有一絲能夠逃離的機會，他們是絕對不會放棄的，即使代價是必須拿自己的性命當賭注或是要與深愛的人分開。我媽媽就是那個下賭注的人。她報名了一個到美國的營隊，這個營隊當然是政府認證的，也毋庸置疑的是為了宣導共產理念的營隊。我媽媽決定好好把握且利用這難得的機會，所以在營期中落跑，成功的逃離了共產專政。她在自由的國度開始了嶄新的生活，然而這樣的生活卻在 1989 年落幕。」

「1989 年 11 月，柏林圍牆倒塌。我媽媽在美國看到這則新聞時，心裡正掙扎著：美國政府即將核發公民證給她，這表示她就要成為美國公民，但她想起了她的先生和她的家人，她放棄了穩定的未來，毅然決然折返布拉格。」

雅娜說完故事後，停頓了許久。寂靜籠罩整個城市，突然間，雅娜的一句話劃破寧靜：「不過，如果我媽沒回來的話，就不會有我了，哈哈。」她眨眨眼露出一抹微笑，雖然那抹微笑背後有著五味雜陳的情緒，但它依然將鬱悶的氣氛和情緒掃走，把我們拉回現實。

我們離開伏爾塔瓦河岸，我再次回頭瞥了河道一眼，不禁思索著伏爾塔瓦河究竟見證了多少的喜與悲，它究竟吞噬了多少淚水。

我們站在這兒聽雅娜說故事，從伏爾塔瓦河畔看去的景色。

我們站的位置往另一邊看可從橋墩間看到高堡區。

8/22（五）河畔之美

今天是暑期學院的最後一天，結業式後我們一群人到小城橋塔附近的 Restaurant U Kostela 參加結業餐會，當然要點捷克人的道地吃法：燉牛肉加麵包糰子，再配一杯冰啤酒。飽餐一頓後，我跨過伏爾塔瓦河，走到舊城廣場的卡夫卡咖啡館。午後的太陽已經沒那麼大了，我坐在戶外區點一杯熱茶坐下來打開電腦記錄這幾天的點點滴滴，等媽媽來這兒和我碰面，再決定我們今天要去哪兒。

INFO

Restaurant U Kostela
- 搭乘地鐵 A 線至 Malostranská 站，步行約 10 分鐘
- 搭乘電車 12、15、20、22、57、91 號至 Malostranské náměstí 站，步行約 1 分鐘

卡夫卡博物館

再次穿越查理橋往小城區方向走，雖然中餐後我才經過查理橋走到舊城廣場，但誠如我先前所說，查理橋走上幾百回都不厭倦，到了小城區這一岸後，我們來到卡夫卡博物館。我到布拉格沒幾天就注意到博物館的海報了，今天終於有機會能夠造訪紀念這位現代名作家的博物館。有些捷克人認為卡夫卡現在成了政府為促進觀光而被消費的商品，即便如此，也不可否認這位對二十世紀文壇貢獻及影響深遠的文豪。還有「Kafkaesque」一詞專門形容卡夫卡獨樹一格的寫作風格或作品中的角色特質。博物館裡燈光昏暗，能夠透過博物館

營造的氣氛、圖片和擺設參與卡夫卡的一生。投影機不斷在一處的牆面上播放卡夫卡相關的短片，展示櫃中也展示許多卡夫卡的手稿。

INFO

卡夫卡博物館（Franz Kafka Museum）

● 搭乘地鐵 A 線至 Malostranská 站，步行約 5 分鐘
● 搭乘電車 1、2、5、7、11、12、15、18、20、22、25、57、91 號至 Malostranská 站，步行約 5 分鐘

左上｜卡夫卡博物館大門。
左下｜卡夫卡博物館前的巨大雙「K」。
右｜卡夫卡博物館前的尿尿銅像。

137

巧遇莎士比亞

　　離開卡夫卡博物館後往南走，原本要到河畔邊的公園看巨嬰銅像，卻意外的發現一間小巧的Shakespeare（莎士比亞）書店。人說書中自有黃金屋，而書店呢？當然充滿著寶藏。這間書店販售許多英文書，我買了好幾本臺灣買不到的哈維爾和捷克當地作家的著作。

INFO

莎士比亞書店（Shakespeare Bookstore）
● 搭乘地鐵 A 線至 Malostranská 站，步行約 3 分鐘
● 搭乘電車 1、2、5、7、11、12、15、18、20、22、25、57、91 號至 Malostranská 站，步行約 3 分鐘

左上｜從卡夫卡博物館出來，走往莎士比亞書店路上經過的「布拉格摸乳巷」（Vinárna Čertovka），它的寬度還不到 50 公分呢！
左下｜莎士比亞書店。
右｜查理橋的下方可通往康帕島，這裡有時會擺攤賣一些手工藝品。

布拉格的威尼斯 Čertovka

提著書，我們走著走著又再次遇到驚喜，不知不覺走到桃花源！我們誤入有布拉格的威尼斯之稱的康帕島，而將小島嶼和小城區分割的人造溪流叫做惡魔溪（Čertovka），連結兩地的短橋上頭有一串又一串的鎖，是情侶來到這兒繫上去的，代表能鎖住永垂不朽的愛情。這條溪原本是用來幫助十五世紀的大磨坊水力發電用的，雖然現在已不用水力發電了，但磨坊依舊運轉。這條細流之所以取名為惡魔溪是因為這裡曾住著一個說話尖酸刻薄的女人，她的房子叫做「Seven Devils」（七隻惡魔）。

INFO

惡魔溪（Čertovka ╱ Devil's Stream）

- 搭乘地鐵 A 線至 Malostranská 站，步行約 10 分鐘
- 搭乘電車 1、2、5、7、11、12、15、18、20、22、25、57、91 號至 Malostranská 站，步行約 10 分鐘
- 搭乘電車 12、15、20、22、57、91 號至 Malostranské náměstí 站，步行約 7 分鐘

註：若搭乘地鐵，可自 A 線 Malostranská 站下車後轉搭電車 12、15、20、22、57、91 號至 Malostranské Náměstí，即可少走點路。

上｜惡魔溪一景。水磨坊旁坐著一隻水妖精雕像，守護著惡魔溪。
下｜短橋上的鎖頭。

河畔上的巨嬰

　　我們在康帕島繞了一圈後，走到了一個小公園，在伏爾塔瓦河畔旁的一塊空地上有三隻巨大的嬰兒銅像，這是捷克知名當代設計師 David Černý 創作的「Crawling Babies」。他們不只是一般的嬰兒在爬行，特別的是，他們的臉都被磚塊印得陷下去，為諷刺新世代的盲目：他們被媒體蒙蔽雙眼，毫無頭緒的往前爬，雖然已迷失方向，卻繼續向前爬行。其實不止這邊有三隻巨大的爬行嬰兒銅像，布拉格的電視塔（Žižkov Television Tower）上還有更多同樣被磚頭印壓臉部的巨大嬰兒，向電視塔高處攀爬，從史達林像望去，那一點一點的巨嬰銅像宛若匍匐前行的螞蟻。

INFO

Crawling Babies
- 若搭乘地鐵，可自 A 線 Malostranská 站下車後轉搭電車 12、15、20、22、57、91 號至 Hellichova 站，即可少走點路；若從地鐵 Malostranská 站步行約 10 分鐘
- 搭乘電車 12、15、20、22、57、91 號至 Hellichova 站，步行約 5 分鐘

往無臉巨嬰銅像路上，經過伏爾塔瓦河畔，望向對岸可看見綠色的巴洛克圓頂建築，為聖方濟各教堂。

上｜河畔旁的無臉巨嬰像。
下｜城市天際線遠處的高
塔為布拉格電視塔。

142

David Černý

David Černý 是捷克著名的現代藝術家，在1991年的粉色坦克車事件後一舉成名，現以詼諧嘲諷的巨型城市雕刻作品出名。

David Černý 的藝術品潛藏在布拉格的各個角落，著名的作品除了布拉格電視塔上和在伏爾塔瓦河畔的 Crawling Babies 外，還有以下其中幾個較有名的作品：

1. 小城區卡夫卡博物館外的尿尿銅像（Peeing Statues）。
2. 舊城區向內大樓屋頂上，佛洛伊德單手懸掛的銅像（Man Hanging Out）。
3. 瓦茨拉夫廣場附近的劇院裡，聖瓦茨拉夫騎倒掛死馬的銅像（The Upside-Down Horse）。

左｜聖瓦茨拉夫騎倒掛死馬銅像。
右｜佛洛伊德單手懸掛銅像。

與秦摩在河畔相遇

伏爾塔瓦河畔上的秦摩銅像。

　　從巨嬰銅像這兒再往南走一點，有另一座銅像凝視著伏爾塔瓦河，他是秦摩（Sri Chinmoy）。秦摩是一位著名的靈修大師，出生於孟加拉。他在三十歲出頭時移民到紐約，除了對社會的奉獻外，也提倡要透過默想以追隨內心的平靜。他藉由文學、藝術以及公開活動影響了許多人，而他的目標只有一個，就是提升人們的靈性。看著秦摩銅像站在河岸上，那眼神雕刻的栩栩如生，流露出平靜的感覺。

　　秦摩曾經說過，和平是自然流露的，不是靠宣導的，它能使我們團結。我們應該要將和平傳遍各地，但除非我們內心達到真正的和平，否則是永遠無法期望外界會有和平。

INFO

秦摩銅像（Sri Chinmoy Statue）
交通方式與到達 Crawling Babies 一樣，距離 Crawling Babies 非常近。

共產的遺骸

和秦摩道別後，離開河畔，繼續向南邊走，來到了小城區的烏耶茲（Újezd），這條路是從聖嬰教堂前的道路延續過來的。小城區的地勢較多高低起伏，因此道路旁就是斜坡，而烏耶茲人行道旁就有幾階向上的階梯，置放著七個面目全非、殘破不堪的銅像。

這些銅像是在共產政權瓦解超過十年後，於2002年時公諸於世。這七個銅人是為了在紀念共產政權下受難的人民。銅像所呈現出撕裂的四肢和容貌是象徵人們在共產黨執政下，尤其是1968年布拉格之春以後所遭受的政治迫害。

布拉格的確處處是寶藏，除了熱門的觀光景點外，巷弄之間還有許多不可思議的寶藏藏在各個角落，若不去探索自然不會知道。

INFO

烏耶茲（Újezd）

● 搭乘地鐵，可自 A 線 Malostranská 站下車後轉搭電車 1、5、7、11、12、15、20、22、25、57、91 號至 Újezd 站，即可少走點路；若從地鐵 Malostranská 站步行約 20 至 25 分鐘

● 搭乘電車 1、5、7、9、10、11、12、15、16、20、22、25、57、58、59、91 號至 Újezd 站，步行約 1 分鐘

這七個面目全非的銅人是烏耶茲的地標。銅像有一銅牌上頭寫著：「共產受難者紀念銅像是獻給全部的受難者，不僅是被監禁和被處決的人民，也包含那些生活被極權專制政權摧毀的人民。」

145

8/23（六）

國境之南
南波希米亞

童話小鎮—捷克克魯姆洛夫
Český Krumlov

　　捷克克魯姆洛夫的地形很特別，伏爾塔瓦河彎曲如馬蹄的河道切過森林，這特有的地形讓這兒遠在上古時期就有人居住了。到了中古世紀早期，這兒還沒有城鎮，也沒有城堡，但湍湍的河流使這邊成為不少商人的集散地，這是他們從奧地利通行到捷克內陸的必經之路。夜晚一到，聚集在這兒的商人時常被小偷和強盜攻擊，那些強盜都埋伏在草叢後面，突襲經過的商人。這樣的惡況不斷上演，直到一位名叫 Vítek 的英勇騎士將強盜埋伏的草叢燒成平地，才讓商人不再受強盜的攻擊。隨後，這位騎士在這兒建了一座龐大的城堡，能夠觀看整個城鎮及伏爾塔瓦河。

童話小鎮，捷克克魯姆洛夫；照片中最顯眼的高塔為城堡塔，又稱「彩繪塔」，是 CK 小鎮的地標，最初的工程始於十三世紀中期，在 1581 年完整呈現今日所見的樣貌。

上｜CK小鎮的市政廣場（náměstí Svornosti），也是小鎮的舊城廣場。廣場中最顯眼的石柱雕刻為「黑死病紀念柱」，於十八世紀初完工。石柱最高處為聖母瑪利亞聖像，基座環繞八位聖人，他們是CK小鎮的主保聖人，是當初對抗瘟疫的聖人。

下左｜從拱橋仰望城堡和彩繪塔。

下右｜從城堡望向河岸雙邊，左岸可見城堡與城堡塔，彼岸則見小鎮。

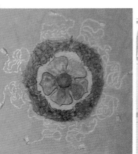

五瓣玫瑰的由來

捷克克魯姆洛夫的克魯姆洛夫城堡建於十三世紀初，繼克魯姆洛夫家族之後，由他們的親戚羅森伯格家族繼承了城堡，一直到三百年後，魯道夫二世才從羅森伯格家族那兒把城堡買來給他的兒子住。羅森伯格家族接管城堡時設計了一個紋章，是一朵五瓣的紅玫瑰，因此每年六月這個小鎮都會舉辦五瓣玫瑰節，慶祝這兒特有的文化。

我們穿越如童話般的古典小巷，越過拱橋，來到了城堡大門前，在跨過護城河往下一看，裡頭不是水，而是兩隻棕熊在啃水果，實在是太可愛了！進到城堡裡會先經過一個庭院，再走到橋廊。這座橋廊在 2002 年因洪水被沖毀，在接受我國外交部的金援下重建為今日所見的樣貌。登上城堡高處向外看，整座童話小鎮映入眼簾，彷彿置身童話故事中，優美極了。

上｜一走入小鎮到登上城堡，處處可見五瓣玫瑰的雕刻跟圖騰。
下｜城堡某處有一「日晷」；日晷一直到十七、十八世紀都裝置在重要家族的建築外牆，CK小鎮內有五處日晷。

城堡護城河處的棕熊。

上｜從城堡望向河岸對邊的小鎮，高聳的哥德式教堂為聖維特教堂，擴建於十五世紀中期。

中左｜從城堡望向河岸對邊的小鎮，視線再向右邊移動，可見河道如馬蹄形的曲線。

中右｜放眼望去一次看見 CK 小鎮的兩大地標：城堡塔及聖維特教堂。

下｜從城牆中的半圓形洞孔看向聖維特教堂，有如畫作一般，可愛極了。

當一天的皇室成員

托爸爸的福，他的堡主朋友帶我們進到城堡內部參觀，見證城堡文藝復興至巴洛克時期最原始的樣貌。我們走過發出唧唧聲響的木地板長廊，昏暗的燈光跟老舊地板的呻吟，頓時讓我們陷入十六世紀的情境。看到了皇室使用的金馬車，著實令人歎為觀止。接著來到令我整個人興奮得飄起來的巴洛克風格的「城堡劇院」，熱愛劇場的我一走進劇院可說是如魚得水。堡主帶著我們穿越城堡裡的大小房間，好像走迷宮一般，裡頭還有皇室貴族專用的小聖堂呢！我不禁想像起自己是巴洛克時期的皇室成員，想像著自己在宮廷裡的生活，沈醉在自個兒的幻想裡，直到媽媽一聲呼喚：「快跟上！」把我拉回自己僅僅只是名觀光客的現實世界。

離開城堡後，我們來到一間簡約的咖啡店。捷克的蜂蜜很有名，除了蜂蜜抹醬和蛋糕外，這間店竟然還有蜂蜜冰淇淋，更有趣的是店家還用小熊維尼的那種小蜂蜜罐裝冰淇淋。

上｜城堡裡的木地板長廊。
下｜用小蜂蜜罐裝的蜂蜜冰淇淋。

INFO

捷克克魯姆洛夫（Český Krumlov）
搭乘地鐵 C 線至 Hlavní nádraží 站，轉乘火車到 Český Krumlov 站

上 │ 城堡劇院建於十七世紀後期，布幕場景全是手繪完成，劇場設備和布幕至今仍保持完整。

中 │ 城堡劇院裡的其中一件戲服。

下 │ 城堡舞廳的壁畫，1748 年完成。壁畫裡栩栩如生的貴族笑容滿面，立即能感受舞會歡愉的氣氛。

珍珠城堡沒珍珠 Zámek Hluboká

　　離開捷克克魯姆洛夫，我們回程路上拐到有「白珍珠」之稱的赫盧博卡城堡（Zámek Hluboká）參觀。赫盧博卡城堡於十三世紀中葉建造，為居家城堡。這城堡外觀十分壯觀華麗，十三世紀時為典型的哥德式建築，到了文藝復興時期，它披上了文藝復興風格的樣貌，到後來換上巴洛克風的外衣。赫盧博卡城堡會有「白珍珠」這代名詞是因為它顯著的白色外觀就像這區的白色珍珠一樣亮眼。

　　我們抵達城堡時，看見工作人員正在城堡的庭院裝設舞臺，一問之下原來是今晚有露天的《羅密歐與朱麗葉》音樂劇演出，只可惜票早已一掃而空。這城堡從十三世紀中期到現在重新整建不少次，接管過的主人也有許多，其中一位為 Adam František Schwarzenberg。Adam 是個熱愛狩獵的人，他的妻子是集美貌與智慧於一身的公主 Eleonore。某天，Adam 在打獵途中被國王查理六世射殺。據說，Adam 所遭遇到的並非意外，而是國王有意把他除掉，因為傳說中，查理六世實在太愛公主，所以就算他的情敵已是別人的丈夫，他仍不擇手段的把情敵處理掉。Adam 死後的說法有兩種，有人說公主對國王還是毫無感覺，仍舊一人獨自住在城堡裡，另一種說法則是公主和國王相戀已久，因此在沒有 Adam 的阻饒下過著更幸福快樂的日子。

INFO

赫盧博卡城堡（Zámek Hluboká ／ Hluboká Castle）
搭乘公車至 Pod Kostelem 站，步行約 10 至 15 分鐘

上｜坐落在小鎮中心
停車場附近，聖若望
臬玻穆教堂，始建於
十九世紀中期。
下｜城堡大門的門把
實在是鬼斧神工，是
一隻烏鴉在啄一個土
耳其人的眼睛，為紀
念 Schwarzenberg
家族攻下一座土耳其
堡壘而造。

有「白珍珠」之稱的赫盧博卡城堡。

百威啤酒的故鄉—捷克巴德傑維契
Česke Budějovice

這次去童話小鎮只到白珍珠城堡逛一下就回布拉格了，上回冬天來到童話小鎮時，我們有開車到南波希米亞的首都，捷克巴德傑維契（České Budějovice，簡稱 C.B.）過週末。國王於十三世紀中後期的普謝米斯利德王朝時期，在莫賽河與伏爾塔瓦河匯集處建 C.B. 城，是為了鞏固自己在南波希米亞的權位。因 C.B. 堅固的築壘，這防禦性的城市在胡斯戰爭時期的戰略位置格外重要。到了十六世紀，C.B. 變得前所未有的繁榮，當地除了生產銀之外，鹽交易和漁業養殖也很興旺，使 C.B. 成為南波希米亞的經濟重鎮。除此之外，更以「百威啤酒的故鄉」聞名，還有捷克有名的 KOH-I-NOOR 無毒彩色鉛筆的工廠也在這兒呢！C.B. 的地形較布拉格和布爾諾平坦，漫步在巷弄中久了也不會腿痠。C.B. 雖為捷克南邊經濟重鎮，但步調感覺又比布爾諾慢些，且工業味沒那麼重；巷弄街景十分別緻，遊走 C.B. 的大街小巷，感覺格外清閒！

廣場取暖

C.B. 最著名的景點非普謝米斯利德·歐塔卡二世廣場莫屬（普謝米斯利德·歐塔卡二世為建造 C.B. 的國王）。這正方形廣場的建築歷經各個時期的藝術風格，從哥德到文藝復興，再到巴洛克式，並於十八世紀初期改建成現在的樣貌。廣場四周大樓皆有拱廊。想起去年冬天在此於小店室內喝熱飲取暖，有許多店家在騎樓外豎起傘型戶外暖爐，再架些高腳桌，些許三五成群的人站在那兒喝啤酒聊天；喝熱飲的我們與當地人喝啤酒的取暖方式有別，但各自享用！

在城市漂泊

歐洲許多廣場在中世紀除了是人們交易的地方，通常也是公眾絞刑處決之處，普謝米斯利德·歐塔卡二世廣場也不例外。廣場一隅有塊圓石上刻有十字印記，為紀念中世紀因暗殺政務官而被處死的一群密謀者。根據當地傳說，只要在晚上九點過後踩到這塊圓石，將會找不到回家的路，在城市徘徊到天亮，因此這塊圓石有「流浪石」（Wandering Rock／Bludný kámen）一稱。

白天的廣場。

157

不單純的市政廳

　　環顧廣場，最讓人眼睛一亮的建築即為市政廳。這座藍灰色的建築很明顯的就是巴洛克式建築（許多巴洛克式建築都會戴上洋蔥型的圓頂）。其實最早期的市政廳並非坐落在這棟巴洛克式建築中。它一開始是建在廣場的西南角，到了十五世紀初期才遷移到現今的位置。十七世紀時，市政廳在一場大火中被燒燬，重建後才有現今巴洛克式的樣貌。市政廳的牆面上印有 C.B. 城、波希米亞、摩拉維亞和西里西亞的四個盾徽。屋簷上立著的四座雕像分別代表「正義」、「勇氣」、「智慧」和「謹慎」。市政廳不單是一個外觀搶眼的建築，建築本身設計的細節所傳達之意涵更是深遠！

獅子吐水

　　廣場中央有一座「巴洛克式三松噴水池」，雕像是三松（參孫）與獅子搏鬥的畫面，這個故事源自《聖經》舊約的〈民長紀（士師記）〉，他的力氣非常大，輕而易舉就能將獅子四分五裂。近看噴水池，三松跨坐在獅子上，用雙手搬開獅子的嘴，噴水池的水從獅子的血盆大口汩汩流出。

上｜廣場的市政廳。
下｜廣場中央的「巴洛克式三松噴水池」。

聖尼古拉大教堂

聖尼古拉大教堂是天主教 C.B. 教區的主教座堂，它的前身為十三世紀建造的哥德式聖堂。哥德式聖堂在十七世紀上半葉時，因一場大火付之一炬，但很快的在十七世紀中期，重建成現今所見的巴洛克式主教座堂。

不尋常的塔

與聖尼古拉教堂相鄰的是融合哥德式與文藝復興風格的「黑塔」。它完工於十六世紀末期，不僅是 C.B. 的地標，如今也是聖尼古拉教堂的鐘樓。黑塔最初的功能是為保護城市免受敵人戰火攻擊，它曾擁有「新塔」、「巨塔」、「教區塔」及「城塔」的稱呼，但到了十八世紀，黑塔沒有大規模的裝修，外觀色澤逐漸褪去，人民因此而為它封上「黑塔」一稱。黑塔特別的是為獨立建造的城塔，不與其它建築相連，這樣的風格在義大利很常見（因黑塔是在三名義大利建築工人監工下完工），但就連有「百塔之城」的布拉格都沒有這樣的獨立城塔（例火藥塔與市民會館相連、舊城橋塔和小城橋塔與查理橋相連），捷克境內除了 C.B. 之外，只有在極少數幾個城市可見。

黑塔一直到二十世紀中後期為止都是守衛者和他家庭的住所，每當守衛者發現城市某處起火，會立即面相起火方向將旗幟升起，並敲鐘通報。然而，居住在九層樓高的鐘樓裡，實在是不方便取得糧食，但據說守衛者一家從未短缺的就是羊奶，因為他們在家裡養了一頭山羊！

上│聖尼古拉教堂以及相鄰的黑塔。
下│聖尼古拉教堂內部祭台處，因聖誕節才
剛過沒多久，仍看得見聖誕布置。

穿梭城市的巨人

在 C.B. 的一條大路（Lannova Street）上，有八個巨人面朝同一個方向匆匆走去。咦，不對！他們沒有在走，但他們的頭髮往後飛，肢體都是行走的姿勢。這群人是雕刻家 Michal Trpák 的作品《Humanoidi》，2007 年首次於 C.B. 亮相，巡迴展覽幾個城市後，於 2009 年年末回到 C.B.，這群人就固定站在這兒了。仔細觀察，這八人中有兩名一模一樣老男子以及各三個一模一樣的年輕女人和年輕男人。這群人反映在唯物的城市和社會體系下，人們失去個人特色，反而成為這體系下的傀儡，被時間追著跑、生活步調快速卻缺乏品質。就如同《鬥陣俱樂部》中，主角一開始所說的：「Everything is a copy of a copy of a copy」的涵義一樣，在資本和唯物主義推動的城市裡，每個人的生活如例行公事般，只是不斷的複製再複製。

《Humanoidi》與我。

遊湖畔，賞城堡 Zámek Konopiště

克諾比斯特城堡。

城堡外圍的山林步道。

回到平地所看見的湖景。

去年冬天到捷克童話小鎮，除了巡禮 C.B. 外，我們回布拉格途中還到近郊的城堡走走。距離布拉格將近 50 公里處，克諾比斯特城堡（Zámek Konopiště）從湖畔山林間若隱若現。克諾比斯特城堡建於十三世紀後期，為法國建築風格的哥德式防禦性城堡，在不同家族接手下歷經多次重整。克諾比斯特城堡變得出名，又吸引許多觀光客，主要是因為十九世紀後期，奧匈帝國的法蘭茲·斐迪南大公爵將城堡買下，重新裝修成華麗的私邸，他同時也打造了一共兩百多公頃的英式公園和玫瑰花園。斐迪南大公爵因愛好打獵，城堡裡也收藏許多他的寶貝。

天色漸暗，燈光打上克諾比斯特城堡，別有風味。

捨命陪女子

布拉格動物園

　　今天太陽終於肯露出整個臉龐，為漸入秋季的布拉格增添點暖意。我和媽媽倆在爸爸出門上班後想了一陣子今天要去哪兒。來了一個多月了，該去的大景點也都去了，私房景點也參觀了不少，我腦海突然蹦出雅娜之前推薦的諸多景點之一：世界第四漂亮的動物園「布拉格動物園」。雅娜之所以會提到布拉格動物園是因為我們幾天前在伏爾塔瓦河岸上聊天時，她看到河水就想起 2002 年大洪水（前幾天在捷克克魯姆洛夫提到的同一場洪水）。連續幾天的傾盆大雨使伏爾塔瓦河水暴漲，不只淹沒了市區和捷克大大小小的城鎮，為人們帶來重大的不便和損失，連動物園裡的動物也遭殃。那時就有一隻叫做 Gaston 的海獅隨著高漲的河水從動物園游了出來，沿著伏爾塔瓦河一路游到德國，不幸的是 Gaston 因為過度饑餓又因為離開熟悉的環境壓力過大而死亡。

　　來到布拉格動物園發現有趣的事，連寵物狗入場都要門票呢！而且還比老人的入場費貴，狗要一百塊克朗，老人家卻只要一塊錢！一進到動物園園區內，媽媽立刻切換成緊繃模式，深怕會在某個轉彎處驚見她最怕的蛇，我除了沿路取笑她之外，也不免嚇嚇她。

　　布拉格動物園的地形有高有低，走起來還挺累的呢，不過它真的可用漂亮來形容。園區的樹木、商店、廁所、用餐區和動物休憩區的規劃皆非常整齊，且幾乎聞不到動物的臭味。繞了一大圈，園區中的每種動物我都看見了，媽媽真

的是捨命陪女子逛動物園，離開
後我們到瓦茨拉夫廣場的 Marks &
Spencer，用一杯咖啡和一塊蛋糕
撫慰一下媽媽緊繃又驚嚇的心情。

INFO

布拉格動物園（Zoo Praha ／ Prague Zoo）
搭乘地鐵 C 線至 Nádraží Hološovice 站，
再轉乘公車 112 號到底站

ZOO PRAHA

左｜布拉格動物園的標識。
右｜布拉格動物園園區內的指
示標誌，「východ」是「出
口」的意思。

到火藥塔找卡門

爸爸下班後，我跟他難得父女約會，一同去火藥塔附近的海柏尼劇院（Divadlo Hybernia）欣賞卡門的音樂劇，媽媽則回家休息去了，況且她對表演藝術沒什麼興趣，看來我這點沒遺傳到她。爸爸和媽媽實在有趣，爸爸很會跳舞，媽媽卻是長了兩隻右腳；媽媽歌聲嘹亮，爸爸卻五音不全，唯有唱國歌時氣勢磅礴，流魚出聽。每次欣賞完戲劇演出後，內心總是感動不已，劇組人員將近兩小時的完美演出，是投入了多少的時間、精力與熱情啊！也是因著他們的專業才能夠把故事真誠的情感表達出來，讓觀眾能夠與劇中的人物有共鳴，甚至感同身受。

欣賞完卡門的音樂劇後，我和爸爸搭電車回家，一路上一邊欣賞夜景，一邊聊天，有時則讓寧靜的片刻落在我們之間，凸顯我們父女倆這難得可貴的悠閒時光。

INFO

海伯尼劇院（Divadlo Hybernia ／ Hybernia Theatre）
- 搭乘地鐵 B 線至 Náměstí Republiky 站，步行約 5 分鐘
- 搭乘電車 3、6、8、14、15、26、51、52、54、56、91 號至 Náměstí Republicky 站，步行約 2 分鐘
- 搭乘電車 2、24 號至 Praha Masarykovo Nádraží 站，步行約 5 分鐘

捷克共產黨博物館

詭譎棕熊的呼喚

在布拉格大街小巷的牆面上時常看見共產黨博物館的海報，圖案不是凶神惡煞的俄羅斯娃娃，就是一隻手拿獵槍笑容詭譎的棕熊。對中東歐共產歷史及當時的生活十分有興趣的我，今天決定和媽媽到博物館一探究竟。共產黨博物館位於瓦茨拉夫廣場附近，在麥當勞隔壁大樓的二樓。沿著樓梯拾級而上，木頭樓梯發出年邁的呻吟，木頭門打開時也同樣發出吱吱的喘息聲。這個博物館的出入雖是同一個門，但動線規劃的不錯，完全不會衝撞在一塊兒。一進門先經過紀念品販售區，再往裡頭走就是展示區，整個博物館的走道都鋪滿共產黨的代表顏色「紅色」。

上｜共產黨博物館的海報，一隻笑容詭譎的棕熊手裡拿著獵槍。
下｜共場黨博物館的海報，面目猙獰的俄羅斯娃娃。

與城市戀愛

第二次來到布拉格，停留的時間就像是一對情侶的熱戀期一般，不多不少兩個多月，到目前為止我已經參觀了許多教堂和現代美術展，也看了一些捷克作家的巨作，並觀賞了多種表演藝術。我正和這古色古香的城市談戀愛，今天是探索它的過去的時候。遊走在布拉格的大街小巷，處處都可感受到共產統治時所留下的陰影；捷克人勇於面對自己的過去，且毫不畏懼的接受它，他們將那份抑鬱後的奔放情感小心翼翼卻充分的流露在書的字裡行間、在畫作的色彩與筆觸，以及雕像的稜稜角角中，使布拉格成為一個文藝氣息濃厚的城市。

共產主義 vs. 共產生活

生長在資本主義及言論自由的大環境下，極權和共產主義對我們來說相當陌生。 時常掛在嘴邊的「主義」若不去真正探索跟了解，終究只是一套又一套的理論。我很慶幸有機會能夠踏上前共產主義滲透的捷克共和國，真正去感受共產所殘留的情緒，而非只是對於這個思維在字面上的了解。

共產黨博物館並非富麗堂皇，簡陋的擺設更能夠凸顯共產時期的均貧，這兒對觀光客來說可說是一本活課本，政府也很聰明的將自己的歷史融入觀光行程，讓大家邊旅遊邊學習；館內陳列物件以多國語言介紹，讓各國來的觀光客得以輕鬆地了解該國的這段歷史發展。

走入時光機

踏上二樓的展示區後，彷彿經過了時光隧道回到幾十年前，捷克斯洛伐克剛剛脫離奧匈帝國獨立建國時的年代，即 1918 年。那一年是捷克斯洛伐克歷史性的一年，因此一走進博物館的展覽區就

看到一面牆上的巨大時間軸，從
1918 年開始侃侃而談。沿著時間
軸的牆面一路看下去，共產勢力在
捷克的興衰淺顯易懂，讓參觀者可
以有脈絡的了解共產政權的執政
模式和理念。

模範勞工

博物館中的各種展示品皆令我
印象深刻，其中一項為共產時期常
出現在雜誌封面的圖片或是張貼
在各處的宣傳海報。宣傳什麼呢？
我想不該用「宣傳」二字，而是
「宣揚」。共產主義將土地以及私
人資產國有化並提倡勞工生產，為
達成均富的理念（但這是個理想，
實際上為均貧）。勞工階級成為社
會的菁英和人民的標榜及典範，他
們受到無比的讚揚，因為他們努力
為國家生產，而政府也用這般美化
的海報讓人民相信，只要他們努力
工作必能達到海報刻畫出的美好
生活樣貌。

上｜一走到展示區，即看見馬克思的銅像迎接我
們。
下｜共產時期的工廠場景，桌前的牆上貼著一張
共產典型的海報，以及紅色三角旗的激勵標語，
像是「傑出的團隊」等。

偉大的女人

　　史達林的政策提倡整個社會的工業化及工業生產，因此婦女也顛覆了傳統，捲起衣袖，扛起傳統價值觀中男性的工作。博物館展出的雜誌封面將女性顯現的十分快樂，而她們的衣著不像西方女性雜誌的封面一樣時尚。

人民工廠

　　共產主義下並無男女老少之分，只有勞工及非勞工之分。人民不間斷地為國家生產再生產，就像制式化的工廠，不斷的複製再貼上。人民既沒有自由，也沒有自主的能力，就像機器人似的服從上級給的命令。馬克思所提出的共產主義未被真正的落實，人民不但沒有共享生產後的甜美果實，反而在均貧的生活下對那些稍微有點財力，身穿貂皮大衣的人們懷有敵意。

上左｜共產時期銷售的文化青年雙周刊。
上右｜共產時期銷售的女性時尚雜誌。
中｜共產時期的學校教室；共產黨從小學就開始灌輸共產理念，要效忠國家、效忠政黨。
下｜共產時期的打卡機和出勤卡。

上｜共產時期的徵詢室。一開始是用來威嚇人民，以根除國內所剩無幾的民主意識。史達林上任後，連共產黨員都被威嚇，而布拉格的「審問」非常血腥：共產黨高官收賄並透過凌虐手段逼迫被告人虛偽自白。

下｜共產時期的商店十分簡陋，商品選擇極少。後方的木牌上寫「捷克斯洛伐克最有名的連鎖商店」，紅色三角旗上寫「傑出商店」。

上｜「社會主義寫實主義」風格的畫作源自蘇聯，欲表達工人對社會主義的社會懷抱熱情及充滿希望的情懷。社會主義寫實主義風格藝術想必也是受中央機關控管。

下｜博物館內的「柏林圍牆」。將德國一分為二的柏林圍牆象徵具體的鐵幕，劃分了共產與資本、東方與西方、囚禁與自由。

生命中不能承受之輕

　　這讓我想起了米蘭・昆德拉的《生命中不能承受之輕》。這本小說場景在作者的家鄉—捷克，男主角托馬斯在鄉間的溫泉小鎮行醫時，認識了妻子特麗莎。

　　雖然托馬斯常與其他女人發生性關係，但他終究愛著特麗莎。他認為只有透過性愛才能發掘每個女人微妙的不同處，然而，特麗莎時常被她自己如黑洞般的噩夢捲入，這夢境跟她的童年有很大的關係，因為她母親總是灌輸她和其他女性一樣，只是組成這世上母性肉體中的其中一塊肉罷了。她的噩夢往往都是她與其他女子裸著全身站在一起，一一的被托馬斯槍決。這個夢境的敘述在小說中出現不止一次，我認為它的含義深遠。以政治權力角度觀看，托馬斯代表共產政權，而特麗莎及其他女性代表這政權下的人民，寄託在共產政府下，只剩被操縱的命運，而政府擁有絕對的權力監禁及控管人民的一切，讓他們全都成為這專制工廠下一致性的產品。特麗莎在現實生活中曾為了逃脫自己被托馬斯影響的情緒和情感而離開他，但最終兩人還是在一起。故事以托馬斯及特麗莎的車禍身亡做結尾，暗諷人民在共產政府的領導下，正逐步走向陣亡。

共產遺存

　　在更深入探討這段歷史為捷克人民帶來的影響後，我了解到捷克人的認命及溫馴，也懂得他們較不熱衷及熱情的民族性；這兒的年輕人熱情許多，但揮之不去的共產陰靄使中年甚至老年人看起來相當冷漠。然而，也因為捷克人悠久的歷史有過輝煌也有過抑鬱，使他們自信而不傲慢，優美而不媚俗。

INFO

共產黨博物館（Muzeum Komunismu ／ Museum of Communism）

● 搭乘地鐵 A 線或 B 線至 Můstek 站，步行約 3 分鐘
● 搭乘電車 2、3、5、6、9、14、15、24、26、51、52、54、55、56、58 號，步行約 7 至 10 分鐘

披上薄紗的城市

剛到布拉格時，漫步在羅瑞塔教堂附近的街景，照片中的巴洛克式建築為「布拉格羅瑞塔」的鐘樓。

羅瑞塔教堂 Loreta Praha

剛到布拉格的頭幾天，爸爸和媽媽就有開車帶我到羅瑞塔教堂附近散步。我還清楚地記得當時已經是晚上八點多，天空依然披著淡淡的彩霞，感覺像下午五點一樣。那天晚上騎樓底下的店家都已打烊，羅瑞塔教堂的參觀時間也過了，只剩空中的小鳥拍翅伴隨我們三人在斜坡上散步。今天終於能夠確實的參觀以聖體光出名的羅瑞塔教堂了。

「布拉格羅瑞塔」（英：Loreto Prague；捷：Loreta Praha）時常被稱為「羅瑞塔教堂」（英：Loreto；捷：Loreta），但其實真正的「羅瑞塔」指的是「布拉格羅瑞塔」修院中庭

的「聖家」（Santa Casa）。「羅瑞塔」這名稱源自於義大利的城市「羅瑞塔」（Loreto）。據傳說，在十三世紀時，天使將聖母瑪利亞原在納匝勒的聖家搬到義大利的 Loreto，隨後歐洲許多聖堂都按照聖家的模樣建造，而布拉格羅瑞塔中庭內的「聖家」也是其中之一，也因此，這座修院即為「Loreta Praha」，觀光客更直接稱它為「羅瑞塔」。整座修道院包含聖誕教堂、「羅瑞塔」、鐘樓以及收藏區。布拉格羅瑞塔的建造始於十七世紀初期，完成後，馬上成為城堡區的熱門朝聖地。布拉格羅瑞塔兼具巴洛克及洛可可風，使它脫穎而出，是布拉格別具特色的建築物之一。

左｜聖誕教堂天花板的壁畫。
右｜聖誕教堂的祭壇。

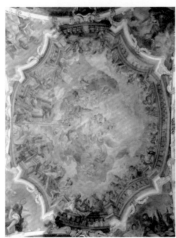

布拉格的太陽

　　這座教堂以收藏聖體光出名，這鑽石聖體光又稱「布拉格的太陽」，是羅瑞塔最有價值的寶物。鑽石聖體光於十七世紀後期，按照女伯爵 Countess of Ludmila of Kolowrat 的遺囑完成。女伯爵臨終前認為羅瑞塔應有座聖體光，且該用她第三任丈夫送她的結婚禮物，即六千多顆鑽石完成。來到羅瑞塔，絕對不可錯過這令人歎為觀止的聖體光，上面一共鑲有 6,222 顆鑽石，它最近期一次使用是在 1999 年，為慶祝天主教嘉布遣會到布拉格四百週年的彌撒中使用。

INFO

羅瑞塔教堂（Loreta Praha ╱ Loreto Prague）

● 搭乘地鐵 A 線至 Hradčanská 站，步行約 7 分鐘至電車 Chotkovy sady 站，轉乘電車 22 號至 Brusnice 站，步行約 10 分鐘
● 搭乘電車 91 號至 Brusnice 站，步行約 10 分鐘
● 搭乘電車 1、2、25 號至 Vozovna Střešovice 站，步行約 12 分鐘

鑲有 6,222 顆鑽石的「布拉格的太陽」。

斯特拉霍夫修道院圖書館 Strahovská knihovna

離開羅瑞塔後，我們到世界最美圖書館之一的斯特拉霍夫修道院圖書館開開眼界（也是世界十大圖書館之一）。這圖書館在捷克悠久的歷史中擁有十分重要的地位。一走進去，果真名不虛傳，館內典藏超過二十萬冊書籍外，神學大廳和哲學大廳那挑高天花板和牆壁上的壁畫實在巧奪天工，不過內部皆禁止進入參觀，只能從一段距離眺望內部的種種細節。這兒的書籍最早可追溯至十二世紀，天主教的普利孟特瑞會扎根在這兒的時候所收集的書籍。我目瞪口呆的望著裡面，多麼希望能夠有間這樣的書房讓我埋首在裡頭啊！

斯特拉霍夫修道院圖書館正門口外觀。

INFO

斯特拉霍夫修道院圖書館（Strahovská knihovna ／ Strahov Library）

● 搭乘地鐵 A 線至 Hradčanská 站，
   1) 步行至電車 Hradčanská 站，轉乘電車 25 號至 Malovanka 站，步行約 6 分鐘
   2) 步行約 7 分鐘至電車 Královský letohrádek 站，轉乘電車 22 號至 Pohořelec 站，再步行約 5 分鐘
● 搭乘電車 22 號至 Pohořelec 站，步行約 5 分鐘
● 搭乘電車 22、25、57 號至 Malovanka 站，步行約 6 分鐘

斯特拉霍夫修道院圖書館的神學大廳。

上左｜斯特拉霍夫修道院圖書館的哲學大廳。
上右｜哲學大廳挑高天花板的壁畫。
下｜圖書館展出 1483 年彌撒用書，書中的圖片為耶穌復活圖像。

183

一探私房景點

離開這令人陶醉的圖書館後，我們順著步道走，離聖維特大教堂和布拉格城堡愈來愈近，在沿著這條路行走的同時，我看見一條岔路，我們母女倆心有靈犀，我正想往那個斜坡走，媽媽就把我的心聲講出來：「我帶妳到一個私房景點看看，妳一定會『哇』！」這條岔路不是很長，原本在眼前的樹枝和綠葉隨著前進的步伐漸漸離開視線，浮現出來的則是一幅精緻的油畫呀！天際線巧妙的落在藍天與紅屋頂的中間，細雨輕輕地為城市披上一層薄紗，似乎深怕它著涼，一不小心又怕把它驚醒，連大自然也將這城市呵護的無微不至。

離開斯特拉霍夫修道院圖書館後，順著步道走道「私房景點」，布拉格城堡、聖維特大教堂、小城區、查理橋、伏爾塔瓦河對岸的舊城區以及遠處的電視塔全映入眼簾。

摩拉維亞的寶藏

帖爾契 Telč

這天我們來到有摩拉維亞寶藏之稱的帖爾契，顧名思義，它就位於摩拉維亞區，這精緻的小鎮被稱為「南摩拉維亞之珠」，在 1992 年被列入聯合國教科文組織（UNESCO）的世界遺產。帖爾契的興建和一個傳說有關。早在十一世紀時，一位摩拉維亞的王子戰勝了波希米亞的國王，為此王子在這兒建了一座小教堂，因定居的人口越來越多，城鎮發展益見規模，小教堂因此變成一座大教堂，也形成了今日的城鎮廣場。不幸的是，十四世紀末的一場大火幾乎將整座城鎮燒燬，人們在原來的地基上重建房子，即為我們現在所見的巴洛克式及文藝復興式的房屋。在過去幾個世紀中，這些房子有重整也有重新裝潢過，但外觀沒有太大改變。這些屋子依然排列在那兒散發出文藝復興和巴洛克式的耀眼光芒。

帖爾契寧靜的巷弄。

帖爾契廣場上的巴洛克式及文藝復興式房屋。

上｜廣場中央有一座 1616 年建造的聖瑪格麗特噴水池，其實早在十六世紀就已經有一座木製的噴水池在同個地點了。

下｜廣場的小市集，由歐洲農業發展基金贊助支援小農販售的麵包，還有其他攤位販賣香腸、蜂蜜等。

上｜帖爾契街景，照片左邊的巴洛克式雙塔教堂為「耶穌聖名堂」，於 1667 年完工。耶穌聖名堂後方的高塔為聖雅各教堂的鐘樓。

下｜聖雅各教堂的祭台，教堂建於十五世紀中期，與帖爾契的建城同步建造。

迪士尼童話森林

午餐後，我們穿越寧靜的街道，來到市中心外圍的湖畔，彷彿進入迪士尼童話的森林，享受大自然綠意盎然的懷抱。豐富建築風格與愜意湖畔美景兼具的帖爾契，果真名不虛傳，是摩拉維亞的寶藏！

TIPS

來到捷克除了必買當地生產的水晶商品、Botanicus、刺蝟彩色鉛筆和兒童用無毒彩色筆等，還有，絕對不可錯過波希米亞的喀什米爾圍巾，在帖爾契買會比在布拉格和捷克克魯姆洛夫便宜很多喔！

INFO

帖爾契（Telč）

搭乘地鐵 B 線或 C 線至 Florenc 站，轉乘公車至 Telč

市中心以北的「Štěpnický rybník」一景。遠處的綠色尖塔建築為「聖神教堂」，建於十三世紀上半葉，融合羅馬式建築和哥德式建築的風格。

從 Štěpnický 湖枝繁葉茂間一窺帖爾契城鎮的建築：耶穌聖名堂、聖雅各教堂及其鐘樓。

上 | 站在 Ulický rybník 的木橋上向左望去，能見到聖神教堂和聖雅各教堂。
下 | 從 Ulický 湖木橋向右看，則可以看到聖神教堂矗立在其他紅瓦屋頂中。

Ulický 湖全景。

走進立體派咖啡廳

哈維爾市集 Havelský trh

　　我和媽媽在瓦茨拉夫廣場附近的銀行辦完事情後，就在巷子中隨意逛逛的走到了哈維爾市集。哈維爾市集起於十三世紀，當時人稱「新市集」，好與舊城廣場的市集有所區別。聖哈維爾教堂前排列著整齊的攤販，販賣各式各樣的蔬果、花卉及廚房用器皿等。聖哈維爾教堂又稱聖加侖教堂，為瓦茨拉夫一世在十三世紀初所建造。當時布拉格有四座主要的教堂，而聖加侖教堂正是其中之一。時光輾轉，如今哈維爾市集是布拉格舊城區所剩的唯一市集。

INFO

哈維爾市集（Havelský trh ／ Havel Market）

- 搭乘地鐵 A 線或 B 線至 Můstek 站，從 B 線出口出站，步行約 5 分鐘
- 搭乘電車 3、5、6、9、14、24、51、52、54、55、56、58、91 號至 Václavské náměstí 站，步行約 8 分鐘
- 搭乘地鐵 A 線站至 Staroměstská 站，步行約 10 分鐘
- 搭乘電車 2、12、15、17、18、20、22、53、57 號至 Staroměstská 站，步行約 10 分鐘
- 搭乘地鐵 B 線至 Národní třída 站，步行約 7 分鐘

上｜哈維爾市集排列整齊
的攤販。

下｜哈維爾市集販賣的水
果，顏色真是鮮豔。

Kulaťák 農夫市集

說到哈維爾市集，夏天來到布拉格還有另一個萬萬不可錯過的必去景點「Kulaťák 農夫市集」。這在布拉格家喻戶曉的農夫市集位於地鐵 Dejvická 站附近，就在 Dejvice 區，因此也叫 Dejvice Farmers' Market（Dejvice 農夫市集）。幾週前的星期六，我跟爸爸媽媽一早就出門去逛市集。Dejvice 農夫市集是布拉格最大的市集之一，3 至 11 月的每週六早上都會有來自各個鄉鎮的農民聚集於此販售自己的農產品，有新鮮的蔬果、火腿、香腸、起司、果汁還有蜂蜜等。捷克除了有名獨特的蜂蜜蛋糕外，蜂蜜也十分特別，顏色呈乳白色，質地非常濃稠，但吃起來不會太甜，還有花果的芬芳使口齒留香呢！天氣晴朗的星期六早上，市集就像是嘉年華會，許多家庭都會來到市集，為這歡愉的市集再增添溫馨的氛圍。11 月的市集就會開始販售許多聖誕節的物品囉！

我們去農夫市集時，整齊排列的攤位上展示著琳琅滿目的農產品，我買了一杯水果氣泡飲，遊走在歡樂的市集裡。

INFO

Kulaťák 農夫市集（Farmers' Market at Kulaťák ／ Farmářské trhy na Kulaťáku）
- 搭乘地鐵 A 線至 Dejvická 站，步行約 1 分鐘
- 搭乘電車 7、11、13、14、91 號至 Dejvická 站，步行約 5 分鐘
- 搭乘電車 1、2、6、8、18、20、22、25、26、30、32、35、91、96、97 號至 Vítězné náměstí 站，步行約 3 分鐘

上 | Kulaťák 農夫市集一景。
下左 | 農夫市集的麵包攤販。
下右 | 農夫市集裡掛著一串一串的大蒜。

Grand Café Orient

逛了一大圈後，我跟媽媽和查理大學漢學系的羅蘭教授約在舊城區巷子內的一間咖啡廳「Grand Café Orient」。羅蘭教授年紀約莫六十歲，她將灰白的長髮向後盤，雖然沒有化妝，但氣色仍紅光滿面。其實走在捷克的大街小巷，會發現這兒的女人其實不怎麼化妝的，她們也不追求名牌，整體打扮雖然簡樸但都非常得體。羅蘭教授說著一口流利的中文，明亮的雙眼流露出讀書人的智慧與謙卑。她不斷讚嘆臺灣這塊寶島，認為臺灣在發展民主之際也同時保存了中華文化的精髓，擁有中國大陸文化大革命所掃空的寶藏，而臺灣多元的社會與文化風貌也塑造出我們獨特的民族特性。

Grand Café Orient 的裝潢跟一般常見的咖啡廳截然不同。這間咖啡廳以立體派風格出名，坐落於黑色聖母之屋的二樓。不僅大樓的風格以立體派呈現，連咖啡廳內部的傢俱、陶器還有室內設計也都是立體派的風格。

1920 年代，由於立體派退流行，使 Grand Café Orient 不得不停止營業。這一停就停了八十年。如今這間餐廳又重新開張，人們終於可以到咖啡廳裡享用美味的薄餅、蜂蜜蛋糕、起司蛋糕還有熱飲等美食。這間咖啡廳的薄餅，無論是甜是鹹都特別好吃，服務生也都非常的幽默，讓用餐氣氛更是愉悅！

左｜黑色聖母之屋外觀，是舊城區的立體派風格大樓，建於 1910 年代初期。
右｜黑色聖母之屋的黑色聖母及聖嬰像。

上｜從咖啡廳二樓窗邊看出去的景色。
下左｜Grand Café Orient 一隅。
下右｜Grand Café Orient 使用的杯子都
十分有設計感呢！

鄉村生活

回家路上，我們經過 Dejvice 圓環，在這兒的有機商店 Country Life 買了些雜糧。Country Life 為捷克連鎖有機商店，店內除了販售有機食品外，也兼售有機美妝用品和家用產品。我特別喜歡吃它們家的鹹穀物餅乾還有麥片。Country Life 也有經營餐廳，就在商店的隔壁，想當然它的餐廳也是用有機食品囉！

INFO

Grand Café Orient
- 搭乘地鐵 A 線或 B 線至 Můstek 站，從 B 線出口出站，步行約 8 分鐘
- 搭乘地鐵 A 線站至 Staroměstská 站，步行約 10 分鐘
- 搭乘地鐵 B 線至 Náměstí Republiky 站，步行約 7 分鐘
- 搭乘電車 9、55、58 號至 Jindřišská 站，步行約 7 分鐘
- 搭乘電車 3、5、6、14、15、24、26、51、52、54、56、91 號至 Náměstí republiky 站，步行約 5 分鐘
- 搭乘電車 2、12、17、18、20、22、53、57 號至 Staroměstská 站，步行約 12 分鐘

Country Life
- 搭乘地鐵 A 至 Dejvická 站，步行約 5 分鐘
- 搭乘電車 20、26、51 號至 Dejvická 站，步行約 7 分鐘
- 搭乘電車 3、5、6、14、15、24、26、51、52、54、56、91 號至 Vítězné náměstí 站，步行約 5 分鐘

Country Life Restaurant
餐廳位於 Country Life 有機商店隔壁，交通方式與到達 Country Life 一樣。

華倫史坦宮的優雅

Valdštejnský palác

靠城堡區和小城區，還有一個尚未探索的地標「華倫史坦宮」。華倫史坦宮是華倫史坦公爵在十七世紀初期建造的。公爵曾在三十年戰爭時擔任總司令，因此累積了巨額的財富及有名的聲望，他的財富可媲美皇帝斐迪南二世，讓皇帝深感自己飽受威脅，懼怕華倫史坦公爵會使計謀陷害並推翻他，鎮日恐懼的皇帝後來羅織罪名將公爵處死以根絕威脅。即便如此，公爵的皇宮仍是華倫史坦家族的資產。1945年，第二次世界大戰後，捷克斯洛伐克政府將華倫史坦宮國有化，經過整修後，這個宮殿成為一個著名的觀光景點，而皇宮的主要建築物則為捷克共和國的議會。

華倫史坦宮中有一個大池子，隨著高籬笆走進去還有個小型的噴泉，這條路直直通往 Sala Terrena，有兩面捷克的國旗高掛在那兒，看上去十分莊嚴。天花板的壁畫則訴說著特洛伊戰爭的故事。

左｜漫步在華倫史坦宮，還有孔雀一同作伴。
右｜高籬笆將小噴泉框住，好似一幅畫作。

上│華倫史坦宮的大池子，可清楚地看見聖維特大教堂和布拉格城堡。
下│再往左邊看去，還能看見小城區的聖尼古拉教堂。

上｜通往 Sala Terrena（照片中三拱廊雙圓柱
的巴洛克式建築）的道路，一旁的雕像及精心
修剪過的花圃給人一種禮遇的感覺。
下左｜Sala Terrena 的牆面上掛著兩面捷克
國旗，這空曠優美又莊嚴的大廳時常用來舉辦
音樂會。
下右｜Sala Terrena 的天花板一部分，用壁
畫講述特洛伊戰爭的故事。

感受完華倫史坦宮的優雅後，我跟媽媽到附近的咖啡廳 Café Klárov 延續這份典雅的氣質。我們坐在窗邊一邊聊天，一邊品嘗這簡單的幸福。

INFO

華倫史坦宮（Valdštejnský Palác／Wallenstein Palace）

- 搭乘地鐵 A 線至 Malostranská 站，步行約 5 分鐘
- 搭乘地鐵 1、2、3、5、7、11、12、15、18、20、22、25、57、91 號至 Malostranská 站，步行約 5 分鐘

電車塞車了

這是我來布拉格以來頭一次碰到電車塞車，因為前面有電車拋錨，就在我們快要到 Dejvická 的時候卡在中央，正當思索著到底會卡多久，會不會來不及準備晚餐時，電車突然動了起來。只這次的電車拋錨事件也是個難得的在地經驗。

INFO

Café Klárov

- 搭乘地鐵 A 線至 Malostranská 站，步行約 2 分鐘
- 搭乘電車 1、2、3、5、7、11、12、15、18、20、22、25、57、91 號至 Malostranská 站，步行約 2 分鐘

9/6（六）

回訪中世紀

傑泰尼采 Dětenice

吃完早餐後，我們出發前往雅娜推薦的中世紀小村傑泰尼采（Dětenice）半日遊。從布拉格市區到傑泰尼采車程約一個半小時，有些人會在那兒的特色旅館住一夜，好好感受中世紀的生活樣貌，我們隨性出發，也沒有想要特別留下來過夜，因此只在傑泰尼采城堡度假村參觀，再到一旁的中世紀特色餐廳吃飯。還沒踏進度假村就看見一棟後巴洛克式的紅色建築，那就是傑泰尼采城堡，除了這棟看似披上一層糖霜的城堡外，度假村裡還有中世紀的小酒館、城堡的釀酒廠以及馬廄等。

TIPS

布拉格城堡附近有許多小酒館，其中一間就坐落於黃金巷。小酒館的建設可追溯到十七世紀中期，當時正逢文藝復興時期萌芽期，因此黃金巷裡的小酒館所裝潢是文藝復興時期的樣式。

當時每七間屋子中，就會有一間小酒館，非常熱鬧，但也會有騙子用骰子和紙牌在那裡愚弄人，雖然營運小酒館的人都是正人君子，但卻遭受無以計數的指控。曾有一位受尊崇的母親在黃金巷內住宿，發現有些小酒館發生了許多不為人知的可恥之事，向官方控訴，並獲准搜查這些屋子，最後才得以使混亂的事件平息下來。

上｜傑泰尼采宮殿外觀，紅色建築在綠地中
特別醒目。
下｜傑泰尼采宮殿一隅之特寫。

導覽開始前，我們先到城堡的庭院四處探索。令人訝異的是導覽竟然以捷克文介紹！或許是因為這兒的交通不算方便，所以不是非常著名的觀光景點，願意來這兒發展的年輕人也有限（如先前所說，年輕一代的捷克人方便用英文溝通，老一輩的幾乎只能比手畫腳，尤其又是在這相對偏遠的地區更是如此）。導覽只發給我們這些聽不懂捷克文的人一張英文簡介，就帶著我們探訪城堡的各個角落了。但是，也還好有報名導覽，否則是無法入內參觀的！

上｜宮殿裡的小聖堂，從壁畫褪去的顏色可看出聖堂建造的年代相當久遠。
下｜宮殿裡華麗的餐桌。

傑泰尼采的傳說

　　根據傳說，傑泰尼采是在十一世紀，在一位叫做 Oldřich 的王子執政下建造的，當時這位王子正和他的隨從在當地的森林打獵，在途中遇見了一群被遺棄的孩子，王子就收留了這些孩子。他為這群孩子蓋了一個小村莊，將它命名傑泰尼采。好幾世紀以來，傑泰尼采曾受不同世代的貴族掌管，他們為城堡增添和保存了豐富的擺設和飾品，也因此有不同時期的風格。

The End ~

回中世紀吃午餐

　　走進度假村的小酒館就好像穿過了時光隧道回到中世紀一樣，昏暗的餐廳中，唯一的光源就只有火和燭光，服務生都穿上中世紀的服裝，人們在木製桌椅上用餐，實在是很特別的經驗！但因為爸爸和媽媽非常不習慣這樣幾乎一片漆黑的用餐氛圍，我們就到另一間同樣風格的餐廳用餐。這間餐廳是半戶外式的，就算坐室內還算明亮。餐廳還有一個小小的木製舞臺，上面放著一個木製的十字架，每天晚上，都會上演中世紀流行的方言戲劇。

中世紀風格餐廳的戶外區，遠處戴黑帽子和披一件短袖襯衫打赤膊的兩名男子是餐廳的服務生。

> **✿ TIPS ✿**
>
> 這間餐廳的服務生刻意穿著較「粗俗」，餐點擺盤也刻意簡樸和「原始」，因為中世紀平民百姓生活的真實樣貌，就是這麼的簡樸甚至不拘小節，也因此與餐廳裡上演的方言劇融合，讓我們真正融入中世紀一般老百姓的生活。

上｜典型的捷克餐點：Goulash
配上一大杯啤酒！
下｜擺盤「原始」的 Goulash。

中世紀方言劇

方言戲劇有三種，分別為奇蹟劇、神祕劇和道德劇，內容皆環繞在《聖經》及《聖經》所延伸出的倫理道德觀。奇蹟劇除了演耶穌行的奇蹟，以及祂被釘在十字架上死而復活的故事外，還有演出聖人的殉道故事和借神的力量所行的奇蹟等，所以它又稱「聖人劇」。神祕劇陳述《聖經》的故事，像是〈創世紀〉、〈亞當和夏娃〉及〈最後的審判〉等。道德劇則是將不同的道德規範擬人化，充滿寓意。

中世紀之所以會上演這些方言劇是因為教堂彌撒禮儀都是使用拉丁文，但能懂拉丁文的人都是高階層的人士，即神職人員和受高級教育者。大多數民眾都不會拉丁文，因此教會就推廣方言劇好讓民眾更深入的了解基督宗教的教導和價值觀。雖然有些戲劇到最後已脫離和教會的連結，純粹以娛樂為主，但中世紀的方言劇非常具有時代及文化象徵，喜歡中世紀文化的你千萬不可錯過！

墊高的木製舞臺，演出方言戲劇用。

INFO

傑泰尼采（Dětenice）
搭乘火車至 Nymburk 站，再轉乘計程車至 Dětenice；計程車車程約 10 分鐘

9/8 (一) 我在伏爾塔瓦河畔翩翩起舞

當號角響起

九月的布拉格，出門已經要穿針織衫加一件薄外套。明天就要回臺灣了，今天趕緊把握機會去市區做最後的巡禮，順路到郵局把寫好的明信片寄出去。捷克郵局的標誌很可愛，是一個號角的圖片（其實歐洲許多國家的郵局都是號角標誌）。會使用號角標誌是因為以前郵差送信時，都會在一些較大的馬路或路口吹號角，通知大家信到了，居民就會紛紛湊上前拿信。

重返 1989 年末

把明信片寄出後，我們來到我最喜歡的舊城廣場和它道別，再走到瓦茨拉夫廣場感受它的浩瀚。我刻意帶媽媽經過前幾個星期前雅娜帶我們走的騎樓，在地鐵 Národní třída 站附近。這看似普通的騎樓其實藏著一塊銅質的紀念牌，為紀念 1989 年 11 月 17 日的絲絨革命。那年春夏之際，中東歐共產國家蕭條的經濟已經無法欺瞞人民，他們自己過生活的感受最真實，政府的腐敗與無能更是顯露無疑。絲絨革命的那年，柏林圍牆倒塌，即為共產解體的具體象徵。

紀念絲絨革命

在這人來人往的騎樓下,有一面不起眼的牆上懸掛著一片具有歷史價值的紀念銅牌,似乎在提醒人們在過生活之際,千萬別忘卻共產執政的這段歷史,因為它能夠警惕捷克人在做決定時必須非常謹慎(雖然捷克共產黨是蘇聯扶植起來的,但它能夠執政其實是由人民選出),同時也提醒捷克人要感謝現在擁有的自由。

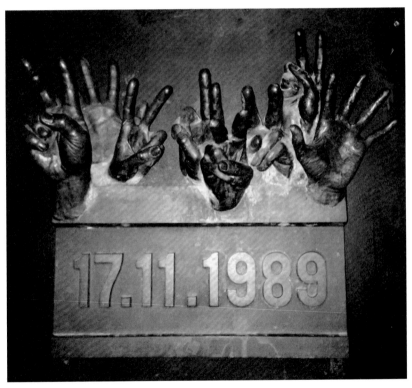

紀念絲絨革命的銅牌。在歐美文化中,雙手比「耶」代表「peace」即「和平」。絲絨革命是和平的示威,因此銅牌上有許多「和平」的手勢。

書香勝咖啡香的斯拉維亞咖啡館
Kavárna Slavia

經過紀念牌後，我跟媽媽到伏爾塔瓦河畔，國家劇院對面的斯拉維亞咖啡館喝下午茶。傍晚將近，我們決定繼續待在這兒等爸爸下班，一起在這裡吃晚餐。天色漸暗，見窗外伏爾塔瓦河的水面照映著夜晚城市的燈火，高聳的聖維特大教堂靜靜的看守這珍貴的城市。斯拉維亞咖啡創立於 1884 年，因許多著名的詩人、作家和知識分子聚集而出名。這間咖啡店在共產時期可說是庇護了許多政治異議分子，包括前總統哈維爾就是在這兒望著伏爾塔瓦河擬出「七七憲章」的。

INFO

斯拉維亞咖啡館（Kavárna Slavia ／ Café Slavia）

- 搭乘地鐵 B 線至 Národní třída 站，步行約 8 分鐘
- 搭乘電車 2、3、6、9、11、12、17、18、20、22、25、53、57、58、59、91 號至 Národní divadlo 站，步行約 2 分鐘

上｜座位旁的落地窗外，一名男子跟一對夫妻分別在電車右轉之際研究地圖。
下｜一對老夫婦隨後也停在同個地點研究地圖。

上｜斯拉維亞咖啡館一隅。
下｜從我們座位邊的大片窗戶望出去，能看見來往的船隻穿梭在伏爾塔瓦河上，還有對岸的聖維特大教堂及布拉格城堡。

哈維爾的另一面

雖然哈維爾留給大眾的印象為英雄，寫出許多富有影響力的作品，並將捷克斯洛伐克從共產的肆虐中拯救出來。然而，並不是每個人對哈維爾的評價都是正面的。有些捷克人其實對哈維爾很不以為然；他們認為哈維爾是被美國揀選出來救贖捷克斯洛伐克的。哈維爾之所以成功，除了家世背景龐大外，還有他的第一任妻子 Olga，是在他背後默默支持他的人物。當哈維爾在獄中時，Olga 因病逝世。在捷克人習俗裡，若家裡有人過世，他們一年內都不能夠有慶祝的活動，像是領洗及婚禮等。但是，哈維爾在 Olga 離世不到一年就再婚了，讓許多捷克人對他的行為很不以為然。

夏季休止符

我跟爸爸、媽媽一邊品嘗美食，一邊享受美景，讓這一刻刻印在我腦海裡，讓這美麗的時刻鑲嵌進記憶中。我有幸能踏上這塊中歐的寶藏，彷彿走進一個巨大的音樂盒，無論遊蕩至何處，都好像有段優美的旋律伴隨著，而一旁精緻的街景即藝術，讓人想永久陶醉在這夢幻般的國度。我在布拉格醒來，如同進入另一個夢境，一個優美的夢境，讓我隨著史麥塔納的《莫爾道河》，在伏爾塔瓦河畔翩翩起舞。這是我回臺灣前在布拉格的最後一夜，誰知道下次再回到波希米亞，甚至再跟爸媽在斯拉維亞咖啡館享用晚餐、欣賞美景，是何年何月了呢？

伏爾塔瓦河望向城堡區夜景。

附錄

捷克歷史

I. 波希米亞

捷克的歷史可追溯至波希米亞時期,而「波希米亞」一稱源自西元四世紀,為當時凱爾特民族定居於此時為這塊地所取的名字。

II. 大摩拉維亞公國

西元八世紀初,斯拉夫民族首領建立了大摩拉維亞公國。西里爾字母(俄國現在使用的文字)在這段期間從君士坦丁堡傳入,卻在後期接受天主教傳統後,被拉丁字母取代。

III. 普謝米斯利德王朝

普謝米斯利德王朝統治期間從西元九至十四世紀初。布拉格現今熱門的觀光景點以及具有豐富意義的地點都在這段期間建造的。

IV. 波希米亞黃金時期

查理四世為神聖羅馬帝國的國王,也有「捷克之父」的稱呼,帶領捷克進入前所未有的繁榮。他將布拉格定為中歐的文化首都,讓這絕美之城成為歐洲當時最受歡迎的城市之一。

V. 胡斯時期

十五世紀的波希米亞一起重大的改革運動由一位名叫胡斯的神父帶領。他的理念與天主教教義相違背,在 1415 年以異端的罪名被處以火刑。胡斯過世後,胡斯派發起一場大規模的抗議,隨後胡斯戰爭的烽火橫掃歐洲十幾餘年。

X. 和平分裂

1992 年，斯洛伐克主要黨派領導人梅恰爾要求民主斯洛伐克成為自治區。捷克斯拉夫首相克勞斯與梅恰爾協定了捷克與斯洛伐克的和平分裂。雙方同意分道揚鑣，於 1993 年 1 月 1 日宣告獨立。

IX. 絲絨革命

1989 年夏天，東方集團（Eastern Bloc）緊張的氛圍不斷攀升，柏林圍牆也在同年年底倒塌。圍牆倒塌的一週後，絲絨革命於 11 月 17 日為共產主義在捷克斯拉夫正式畫上句號。

VIII. 共產時期

捷克斯拉夫共產黨於 1948 年取得完全執政權，捷克斯拉夫成為蘇聯的傀儡政府。1968 年布拉格之春後，捷克斯拉夫的命運可說是全中東歐共產衛星國中最悲慘的一個。

VII. 第一共和時期

第一次世界大戰後，奧匈帝國隨之滅亡，捷克斯拉夫於 1918 年 10 月 28 日宣告獨立，這天也是捷克共和國的國慶日。第一次世界大戰到第二次世界大戰這段期間，稱為「第一共和時期」。

VI. 哈布斯王朝

斐迪南一世接下王權後開啟了哈布斯堡王朝，直到 1918 年畫上句號。斐迪南一世將王權重心搬遷到維也納，隨後魯道夫二世又將朝廷搬回布拉格，使布拉格重拾繁榮。魯道夫二世將布拉格設為科學和鍊金術中心，讓這城市被冠上「魔幻布拉格」的美名。

布拉格地鐵圖

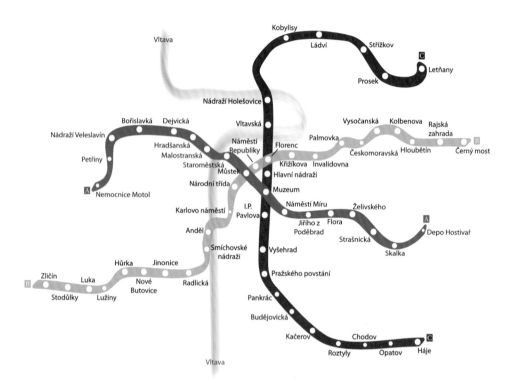

Praha metro

布拉格景點彙整

所屬區域	中文名	捷文名	英文名	最近地鐵站
城堡區 Hradčany Castle District	聖維特大教堂	Katedrála sv. Víta	St. Vitus Cathedral	Malostranská (A)
	聖喬治教堂	Bazilika sv. Jiří	St. George's Basilica	
	黃金巷	Zlatá ulička	Golden Lane	
	Coffee in Garden			
	羅瑞塔教堂	Loreta Praha	Loreto Prague	Hradčanská (A)
	斯特拉霍夫修道院 圖書館	Strahovská knihovna	Strahov Library	
小城區 Malá Strana Lesser Town	聖嬰教堂	Pražské Jezulátko	Prague Bambino	Malostranská (A)
	查理橋	Karlův most	Charles Bridge	
	小城橋塔	Malostranské mostecké věže	Lesser Town Bridge Tower	
	聖尼古拉教堂	Kostel sv. Mikuláše	St. Nicholas Church	
	鍊金術博物館	Muzeum alchymistů a mágů staré Prahy	The Museum of Alchemists and Magicians of Old Prague	
	鍊金術實驗室酒吧	Kellyxír Vinárna a Karvárna	Kellyxir Alchemical Lab Pub	
	藍儂牆	Lennonova zed'	Lennon Wall	
	Restaurant u Kostela			
	卡夫卡博物館	Franz Kafka Muzeum		
	莎士比亞書店	Shakespeare Bookstore		
	惡魔溪	Čertovka	Devil's Stream	
	Crawling Babies			
	Sri Chinmoy Statue			
	烏耶茲	Újezd		
	華倫史坦宮	Valdštejnský palác	Wallenstein Palace	
	Café Klárov			
新城區 Nové Město New Town	Academia 書店	Knihkupectví Academia	Academia Bookstore	Můstek (A/B)
	瓦茨拉夫廣場	Václavské náměstí	Wenceslas Square	
	火藥塔	Prašná brána	Powder Tower	Náměstí republiky (C)
	海伯尼劇院	Divadlo Hybernia	Hybernia Theatre	
	禧年會堂	Jeruzalémská synagoga	Jerusalem Synagogue	Můstek (A/B) or Hlavní nádraží (C)
	Ziaja			
	跳舞大樓	Tančící dům	Dancing House	Karlovo náměstí (B)
	The Upside-Down Horse			
	共產黨博物館	Muzeum Komunismu	Museum of Communism	Můstek (A/B)
	哈維爾市集	Havelský trh	Havel Market	
	聖蓋爾教堂	Kostel sv. Havel	St. Havel Church (St. Gall Church)	Můstek (A/B) or Staroměstská (A)

所屬區域	中文名	捷文名	英文名	最近地鐵站
舊城區 Staré Město Old Town	城邦劇院	Stavovské divadlo	Estates Theatre	Můstek (A/B)
	查理橋	Karlův most	Charles Bridge	Staroměstská (A)
	舊城橋塔	Staroměstská mostecká věž	Old Town Bridge Tower	
	聖方濟各教堂	Kostel sv. Františka z Assisi	St. Francis of Assisi Church	
	救主堂	Kostel Nejsvětějšího Salvátora	Holy Saviour Church	
	聖神教堂	Kostel sv. Ducha	Church of the Holy Spirit	
	卡夫卡銅像	Franz Kafka Monument		
	魯道夫音樂廳	Rudolfinum		
	Pizzeria Corto Restaurant			
	布拉格黑光劇場	Black Light Theatre of Prague		
	舊城廣場	Staroměstské náměstí	Old Town Square	
	提恩教堂	Týnský chrám	Tyn Church	
	天文鐘	Staroměstský orloj	Astronomical Clock	
	國家木偶劇院	Národní divadlo marionet	National Marionette Theatre	
	亞洲明珠	Perly Asie		
	Botanicus			
	Man Hanging Out			
	Grand Café Orient			Můstek (A/B) or Staroměstská (A) or Náměstí republiky (C)
猶太區 Josefov Jewish Square	斯拉維亞咖啡館	Kavárna Slavia	Café Slavia	Národní třída (B)
	西班牙會堂	Španělská synagoga	Spanish Synagogue	Staroměstská (A)
	舊新猶太會堂	Staronová synagoga	Old-New Synagogue	
高堡區 Vyšehrad The Upper Castle	聖馬丁圓頂教堂	Rotunda sv. Martina	Rotunda of St. Martin	Vyšehrad (C)
	聖伯多祿聖保祿教堂	Bazilika sv. Petra a Pavla	Basilica of St. Peter and St. Paul	
其他	Nový Smíchov		Novy Smichov Shopping Centre	Anděl (B)
	IKEA			Zličín (B)
	Palladium			Náměstí republiky (B)
	Restaurace Na Vrškách			公車
	Zahradnictví Chládek			Bořislavka (A)
	長安	Chang An		電車
	Fashion Arena Outlet Prague			Depo Hostivař (A)
	Hotel Avion			Nádraží Veleslavín (A)
	Džbán Lake			
	萊特納公園	Letenské sady	Letna Park	電車
	布拉格動物園	Zoo Praha	Prague Zoo	Nádraží Hološovice (C)
	Kulat'ak 農夫市集	Farmářské trhy na Kulat'ak	Kulat'ak Farmer's Market	Dejvická (A)
	Country Life			
	Country Life Restaurant			

國家圖書館出版品預行編目資料

我在伏爾塔瓦河畔翩翩起舞 ： Jolyn的捷克漫遊日
誌 / 楊巧翎作. -- 初版. -- 臺北市： 華成圖書,
2018.08
　　面 ；　公分. --（閱讀系列；C0353）
ISBN 978-986-192-328-4(平裝)

1.旅遊 2.捷克布拉格

744.3799　　　　　　　　　　　　　　107009510

閱讀系列　C0353

我在**伏爾塔瓦河畔**翩翩起舞：Jolyn的捷克漫遊日誌

作　　者／楊巧翎 Jolyn

出版發行／ 華杏出版機構

華成圖書出版股份有限公司
www.far-reaching.com.tw
11493台北市內湖區洲子街72號5樓（愛丁堡科技中心）
戶　　名　　華成圖書出版股份有限公司
郵政劃撥　　19590886
e-mail　　huacheng@email.farseeing.com.tw
電　　話　　02-27975050
傳　　真　　02-87972007
華杏網址　　www.farseeing.com.tw
e-mail　　adm@email.farseeing.com.tw
華成創辦人　　郭麗群
發 行 人　　蕭聿雯
總 經 理　　蕭紹宏

主　　編　　王國華
責任編輯　　楊心怡
美術設計　　陳秋霞
印務主任　　何麗英
法律顧問　　蕭雄淋

定　　價／以封底定價為準
出版印刷／2018年8月初版1刷

總 經 銷／知己圖書股份有限公司
　　　　　台中市工業區30路1號　　電話 04-23595819　　傳真 04-23597123

讀者線上回函
您的寶貴意見
華成好書養分